デキる社会人になる子育て術

元ソニー開発マネージャが教える
社会へ踏み出す力の伸ばし方

文庫版

東京富士大学教授
鬼木一直
Kazunao Oniki

GENTOSHA
幻冬舎MC

JN012610

はじめに

社会で成功する力

人生の目標はどこにあるのでしょうか？　いい会社に入るためにいい大学に入る、そのために、いい高校に入る、どんどん遡《さかのぼ》っていき、幼稚園受験を目指す。もちろん、確率を高めることは大事なことだと思います。しかし、いい会社に入ることがゴールでしょうか？　子どものうちにどのような力を付けることが必要なのでしょうか？

私は、ソニー株式会社でエンジニア、開発マネージャとしてさまざまな人たちと仕事をし、現在は大学教授として学生たちと多くの時を過ごしています。今の学生は、私が学生だった頃と比べてはるかに真面目ですし、しっかりしていると思います。一方で、突飛な発想力やギラギラしたエネルギーが不足しているようにも感じます。

経済産業省は、２００６年に「社会人基礎力」を提唱し、職場や地域社会で多様な人々と仕事をしていくために必要な基礎的な力として３つの能力（「前に踏み出す力」「考え抜く力」「チームで働く力」）さらに、それぞれの能力に対して12の能力要素の育成を掲げました。また、２０１８年には社会人基礎力がその重要性をさらに増しているとし、人生百年時代の社会人基礎力を「新・社会人基礎力」と表現し、これまで以上に長くなる個人の企業・組織・社会との関わりの中で、ライフステージの各段階で活躍し続けるために求められる力と定義しています。新・社会人基礎力は、社会人基礎力を継承したうえで、「何を学ぶか」「どのように学ぶか」「どう活躍するか」という新たな3つの視点を追加しています。

社会経済環境が極めて予測困難な状況に直面している今、深く考え、実社会で役立つ社会人基礎力の重要性がますます高まってきています。私が所属する東京富士大学において、２０１５年に提唱した『実務ＩＱ教育』は、仕事の現場において高いパフォーマンスを発揮しうる知性の質を高める教育で、いわゆる〝デキる社会人〟の育成に力を入れたものです。その中で、私は、社会人基礎力の基盤は幼少期の教育にあると確信しています。小学校入学前に〝一歩踏み出す力〟となる自己肯定感を付けさせ、学校での教育だけでなく、幼少期の家庭教育を考え直す必要があると考えています。

社会人基礎力の3つの能力と12の能力要素

〈前に踏み出す力〉　～一歩前に踏み出し、失敗しても粘り強く取り組む力～

・主体性　物事に進んで取り組む力
・働きかけ力　他人に働きかけ巻き込む力
・実行力　目的を設定し確実に行動する力

〈考え抜く力〉　～疑問を持ち、考え抜く力～

・課題発見力　現状を分析し目的や課題を明らかにする力
・計画力　課題の解決に向けたプロセスを明らかにし準備する力
・創造力　新しい価値を生み出す力

〈チームで働く力〉　～多様な人々とともに、目標に向けて協力する力～

・発信力　自分の意見をわかりやすく伝える力
・傾聴力　相手の意見を丁寧に聴く力
・柔軟性　意見の違いや立場の違いを理解する力
・情況把握力　自分と周囲の人々や物事との関係性を理解する力
・規律性　社会のルールや人との約束を守る力
・ストレスコントロール力　ストレスの発生源に対応する力

文部科学省は、中央教育審議会の2018年答申の中で、知識・技能、思考力・判断力・表現力等、学びに向かう力・人間性等の資質・能力の調和がとれた個人の育成、学習を通じて身につけた知識・技能や経験を地域や社会での活動に活かしている者の割合の向上等を掲げています。これらを学ぶ手段として「アクティブラーニング」を推奨し、小中学校の学習指導要領改訂案では、「主体的・対話的で深い学び」と記載し、やはり受動的な授業よりも能動的な教育の重要性を指摘しています。

また、同じ年に幼稚園教育要領、保育所保育指針、幼保連携型認定こども園教育・保育要領が改訂され、「知識及び技能の基礎」、「思考力、判断力、表現力等の基礎」、「学びに向かう力、人間性等」を教育方針の3つの柱としています。

これらの目的、内容には共通点がとても多く、「社会人基礎力」の育成を幼児から進めていくべきという、日本の教育方針の一貫性を感じることができます。つまり、社会人になってから、あるいは大学に入ってから「社会人基礎力」を育成するのでは遅く、幼少期から継続して育成していくべき重要な力であるといえるのです。

保育園、幼稚園、小学校などは、この要領に従ってカリキュラムを策定しているわけですが、子どもが小さい頃は家で過ごす時間が長く、家庭での生活、教育が子どもの能力の向上に非常に強く影響しているのが実情です。しかし、家庭では学校のような教育カリキュラムを策定することは難しく、どのように子どもと接すればいいのか悩んでいる方が多いのではないでしょうか。

私は、企業において多くの経験を積み、現在教育者という立場にあり、さらには家に帰ると3人の子どもたちの父親でもあります。教育書の中には専門的な文言が多く内容が難しいものが見受けられますが、本書は、日常の生活の中で使うことができる具体的事例を多数示しており、目先の対応ではなく、将来を見据えた教育の考え方を多く盛り込んでおります。読者の方からは「社会人基礎力を高める方法がよくわかった」「子育てで困ったときにこの本が役に立った」という声をたくさんいただいております。

子どもの性格は十人十色であり、本書をお読みいただいている親御さんの教育方針もいろいろだと思います。本書で示す対応がすべてではなく、1つでも2つでも共感いただける部分があれば何よりです。また、見開きの2ページで完結する本書の形式は、単行本で大変好評をいただいたため、文庫版においても継承することにいたしました。

子どもが頑張るモチベーション

スキャモンの発達・発育曲線によると、子どもの脳は6歳で大人の脳の9割まで完成するといわれています。幼少期に急激な成長をみせる子どもの脳は、スポンジのように多くの物事を吸収します。好奇心も旺盛で、見るものすべてに興味を示し、すぐに触ってみたくなります。特に、他人よりうまくできたもの、褒められたものは、成功体験として大きな自信を手にします。自信があるものは、誰かから言われなくても積極的に挑戦し、どんどん上達します。逆に、うまくいかないもの、他の人に比べて劣っているもの、できなくて怒られたものなどは、自信を失い努力する力をなくしてしまいます。

そして、小学校に入ると成績表により、〝得意〟が客観視されます。この6歳の時点で、自分の順位を認識するのです。成績が良い子は、次の成績で自分より成績の悪い子に抜かれると、とても悔しい気持ちになります。良い成績を取るために努力することが日常となり、自分でも気がつかないうちに勉強する習慣が付いていきます。逆に成績が悪い子は、そんなものだろうと感じ、次の成績が悪くても、それを受け入れてしまうのです。もちろん、その後の努力で逆転は可能ですが、強いモチベーションや目標がないとなかなか順位を変えるパワーに結びつかないようです。つまり、脳の9割が完成する6歳の時点での順位が、将来のおおよその自分の順位を決めてしまうのです。

人が努力するモチベーションは、大きく分けて3種類といわれています。1つ目は褒められること、2つ目は達成感を得ること、3つ目は高い目標があることです。しかし、小さい子どもは、達成感を感じにくく、明確な目標も立てられません。結局、子どもが頑張るモチベーションは、褒められることに尽きるといえます。一見、役に立たなさそうな事柄でも、頑張っていることがあれば褒めてあげてください。将来の偉大な力の源になるかもしれません。

本書では、小さい頃から「社会人基礎力」を養う方法について、具体的にわかりやすく記載しました。もちろん、すべてを実行する必要はありません。いいと思ったフレーズだけでも試していただければ幸いです。

第1章 デキる社会人になる素質は家庭での幼児教育で養われる

第2章

子どもの能力を伸ばす方法

第3章

前に踏み出す力（主体性、働きかけ力、実行力）を育てる

第4章 考え抜く力（課題発見力、計画力、創造力）を育てる

第5章 チームで働く力（発信力、傾聴力、柔軟性、情況把握力、規律性、ストレスコントロール力）を育てる……98

第6章 自己肯定感を高める……114

第7章

第8章

第1章

デキる社会人になる
素質は家庭での
幼児教育で養われる

〝社会人の能力は会社で鍛えられる〟は大間違い

★社会人基礎力は幼少期から長い時間をかけて育てていく能力

〝デキる社会人〟とはどういう人でしょうか？　20～30年前であれば、多くの知識がある人、その人にしかできない特殊な技術を持っている人などが重宝されていました。しかし、スマホで簡単に情報が手に入り、ＡＩ技術が進歩し、ロボットによる加工技術が格段に向上した現在、知識や技術力よりも多様な能力が必要とされてきています。

企業での業務内容は、会社ごとに異なっており、入社してから覚える必要があります。しかし、一通り業務に慣れ、一歩先を目指すときには、社会人基礎力である「前に踏み出す力」「考え抜く力」「チームで働く力」が大きな差となって顕在化してきます。しかも、これらの力は一朝一夕で身につくものではなく、個人の性格を十分考慮しながら育てていく必要があります。

いずれの力も能動的要素を多く含み、かつて〝良い子〟とされていた真面目でおとなしい子よりも、個性豊かで積極的な子を育てる教育方針であるといえます。そのような子どもを育成するためには、自信を深め、自己肯定感を高めることがとても大切になります。また、失敗を恐れずに多岐にわたる事象に挑戦する力も必要です。

他の人と同じことをして安心するのではなく、変わっている部分を個性として認めて伸ばしてあげる努力が、デキる社会人に結びついていきます。一方的に教える育児ではなく、個性を大切にしながら、見守る子育てをしていくといいと思います。

ここがポイント

時代、環境の変化に対応するためには、知識や技術力だけで一歩先を行くのは難しく、社会人基礎力を含めた多様性が大切です。幼少期から失敗を恐れず積極的にいろいろなことにチャレンジさせましょう。

子どもに求める〝必要な力〟って？

★視野を広げていろいろなことにチャレンジすることが大切

企業では、会社の方針にマッチしないと、優秀であっても評価は低くなります。同様に、子どもの目指す方向性が今のトレンドに合っていないと、努力しても最適なベクトルではなくなります。

そこで、文部科学省が打ち出した、今後の教育政策に関する基本的な方針を確認してみましょう。文部科学省は、「夢と志を持ち、可能性に挑戦するために必要となる力を育成する」「社会の持続的な発展を牽引《けんいん》するための多様な力を育成する」「生涯学び、活躍できる環境を整える」「誰もが社会の担い手となるための学びのセーフティネットを構築する」「教育政策推進のための基盤を整備する」という方針を掲げています。

つまり、これからの子どもは、夢に向けて挑戦するための多様な力を養成することが大切であると謳《うた》っています。もちろん、従来の伝統を否定するわけではありませんし、職業によっては、自分の意見を押し殺すことこそが美徳であり、高い評価を得られる場合もあります。ただ、時代の変化が激しい中で、視野を広く持ち、多面的に物事を見ることができる力が求められていることは間違いないと思います。

仕事は１人で行うことは不可能です。いろいろな人と協力し、助け合い、さまざまな角度から物事を捉えていくことが、これからの時代、とても大切なのではないでしょうか。そのためには、幼少期から多様な力を身につける教育が大事になります。

ここがポイント

手に職を付けていれば一生安泰《あんたい》といわれていたのは、昔の話です。時代、環境が変わっていく中では、対応力が求められます。将来が見通せないときだからこそ、考える力が大事になってきます。

必要なのは〝知識〟よりも〝賢さ〟

★〝デキる社会人〟は、知識の収集より知識を操ることを大切にする

今や、スマホで簡単に検索できる時代です。わからなければスマホで調べれば大丈夫だと思っていませんか？　確かに、お店の場所、知らない言葉、イベントの開始時間などがわからなければ、その場ですぐに調べることができます。

しかし、仕事となるとそうはいきません。検索した内容が正しいのか、十分な根拠があるのか、どの程度信頼性があるデータなのか、いつの資料なのかなど十分精査する必要があるうえ、スマホでは調べきれない難しい課題が山のように出てきます。大切なのは知識を集めることよりも、知識を操る力なのです。

では、仕事ができる人というのはどういう人でしょうか？　ただ、算数、国語などの問

題が解ける人ではなく、知識を操り、考える力がある人です。以前は、知識の量が頭の良さと強く結びついていましたが、今は、〝知識〟よりも知識を活かす〝賢さ〟が武器となるケースが増えてきているようです。繰り返し覚えることで、良い成績を取ることはできるかもしれません。しかし、〝デキる社会人〟は、トラブルが発生した時に瞬時に判断したり、新しい方法を提案したり、多くの人と協力しながら作業を行うなど、社会人基礎力を仕事に応用できる人です。難しい仕事には、多くの場合マニュアルがなく、さまざまな経験と論理的思考、考察力などが問われます。一見無駄に思えるようなことにもトライしてみると新しい発見が生まれるかもしれません。

ここがポイント

情報化社会といわれている昨今、スマホさえあれば多くの情報を容易に集めることができます。しかし、その情報が正しいのか、どう活かすのか、誰と共有するのかを考える力が求められています。

幼稚園も大学も目指すことは変わらない

★今の教育要領では、どの世代も社会人基礎力の向上を目指している

２０１８年に幼稚園教育要領、保育所保育指針、幼保連携型認定こども園教育・保育要領が改訂され、「３つの柱」という言葉がよく聞かれるようになりました。その中身は、「知識及び技能」「思考力、判断力、表現力等」「学びに向かう力、人間性等」です。小中学校の学習指導要領では、「主体的・対話的で深い学び」が大切であるとし、受動的な授業よりも能動的な教育の重要性を指摘しています。

これらは、先に説明した社会人基礎力の考え方とほとんど変わりません。教育理念が一貫しており、素晴らしい内容だといえます。しかし、その理念がまだまだ浸透しておらず、考える力、行動力が十分に養われていないのが現状です。大学教育の中でも、学生の主体

性、創造力などを育てるカリキュラムを導入していますが、幼少期からの教育、環境、家庭での生活などにおける考え方の重要性を同時に感じています。

私は、ソニーで働いていた頃に海外のエンジニアと多くの仕事をしてきましたが、最近では外国人の方が前に踏み出す力、考え抜く力に長けている人が多いと感じています。日本人は「変わっている」「自分勝手」と言われるのをとても嫌がります。しかし、それは「個性」であり、強みに繋がる金の卵です。人と違ったことを考えるというのは、パワーが必要ですが、とてもワクワクする楽しい時間です。これからの子どもたちに、そのワクワクを多く体験してもらい、新しい発想に結びつけてもらいたいものです。

ここがポイント

教育要領でいくら思考力、判断力、表現力などを謳っていても、それを身につけるためには、普段の生活における意識が大切です。子どもが本来持っている力を見守り、個性を伸ばすべくサポートしてあげましょう。

やる気スイッチは親が持っている

★ちょっとした間違いを指摘することで、やる気は失われていく

私たちの脳はどのように成長していくのかご存知ですか？　脳の神経は、赤ちゃんがお母さんのお腹の中にいる、だいたい妊娠2か月目頃から作られ始め、3歳頃までには大脳、小脳、脳幹《のうかん》という基本構造がほぼできあがります。そして、スキャモンの発達・発育曲線によると、子どもの脳は6歳で大人の脳の9割まで成長し、小学校を卒業する12歳でほぼ完成するといわれています。

「うちの子は3歳なのに車の名前をすぐに覚えてしまったよ」「うちの子はポケモンのキャラクターを全部知っているのよ」なんて話をよく耳にします。そうです、子どもは皆天才です。その能力を奪い取ってしまっているのが我々大人なのです。お子さんが初めて

歩いた時のことを思い出してください。歩き方がどうだとか、手の動きがどうだとか、そんなことは関係なく、「すごいね、やったね！」と褒めませんでしたか？　子どもは（大人でもそうですが）褒められれば、どんどん頑張ります。お絵描きができた、シールが貼れた、スプーンが使えた、服が着られたなど、少しくらい間違っていたとしても、まず褒めてあげましょう。成功体験は大きな自信となり、次々とやってみたくなります。しかし、3歳、4歳、5歳と大きくなるにつれ、細かな間違いを指摘するようになってきていませんか？　ボタンがずれていることを指摘する前に、「よくできたね」が必要なのです。やる気スイッチをたくさん押してあげれば、子どもはどんどん成長していきます。

ここがポイント

子どもの脳は6歳で大人の脳の9割まで成長します。この成長過程でどれだけの成功体験を与えてあげられるかが自己肯定感の量に影響してきます。些細なことでも、どんどん褒めてあげましょう。

デキる社会人は遺伝で決まる？

★社会人基礎力を培《つちか》う主な部位は前頭前野《ぜんとうぜんや》、環境の影響が大きい

「Sちゃんが勉強できるのは、お父さんが有名な企業の社長だから」などと、勉強ができるかどうかを遺伝で決めていませんか？　もちろん、遺伝的要素を否定するわけではありませんが、大脳の各部位のうち、遺伝の影響を大きく受けるのは、誕生してすぐ発達し始める後頭葉《こうとうよう》と側頭葉《そくとうよう》です。これらは、8～9割ほど遺伝の影響を受けるといわれています。視力や聴力が親に似る傾向があるのはそのためです。最後に発達する前頭葉《ぜんとうよう》が受ける遺伝の影響は5～6割ほどといわれており、後頭葉などに比べどのような環境におかれているのかがとても重要になります。この前頭葉こそが、頭の良し悪しに関係する部分なのです。

特に前頭葉の中でも最後に発達する前頭前野は、高次認知機能といわれ、考える力、判

断する力、洞察する力、我慢する力など、まさに社会人基礎力を培う部分といえます。ただ、それぞれの力が遺伝と環境のどちらの影響を強く受けているのかが明確になっていないのは、家族は基本的に一緒に暮らしているということに起因します。遺伝の要素で似ているのか、毎日生活をともにしているから似ているのかの判断は専門家でも難しいのです。

我が家には双子がいますが、性格はだいぶ違います。それは個性であり、大事なのは、これからどれだけ良い子に育てられるかです。子どものどの能力を伸ばしたいのか、どのような方針で子育てをするのかをしっかりと考えることが一番大切です。人生は、最初からはやり直せないのですから。

ここがポイント

遺伝的にある素質を持っていたとしても、その素質が発現するかどうかは環境次第です。子どもが小さいうちに、社会人基礎力の考え方を身につけることでその後の成長スピードは大きく異なります。

子どもの成長を後押しするのは〝自信〟

得意なものは自然に挑戦し、苦手なものはやらなくなる

子どもは競争がなくていいなんて思っていませんか？　3歳の子どもでも、誰が上手にできるのかはわかっています。「Aちゃんは絵が上手なんだよ」「Tくんは縄跳びがうまいよ」という感じです。それは、保育園、幼稚園の段階から自分で順位を付けているということを意味します。苦手と思っているものはやりたがらず、ますます苦手になり、得意だと思っているものは積極的に挑戦し、どんどんできるようになります。

ここがポイントです。最初の一歩は小さくても、いつの間にか差がつき、さらには、順位すらも決めてしまうのです。縄跳びや独楽《こま》回しなんて受験には関係ないし、大人になったらやらないと思って甘く見たら大きな間違いです。そこには、〝自信〟という大切な言葉

が隠されていて、別の分野にも影響を与えます。

縄跳びができるとスポーツが得意だと思い、絵が上手だと芸術的な要素に自信を持ち、ひらがなが書けたり足し算ができれば勉強ができると感じます。人生は長いのだから、いくらでも取り返せるからいいのでは？と思われるかもしれません。しかし、苦手なものを克服するのにどれだけのパワーが必要なのかは皆さんがよくおわかりだと思います。

つまり、成績表はなくても子どもは小学校に上がる6歳頃までに多くのカテゴリーで順位付けをしているということです。6歳には大人の脳の9割まで成長していますので、いかに重要な時期であるかは容易に想像がつくと思います。

ここがポイント

大人の意思とは関係なく、子どもの中で順位は付いているのです。ただ、他の子と比較すると良い部分は自慢になり、悪い部分は焦りになります。他人と比較するのではなく、昨日の我が子と比較しましょう。

1度決まった順位はなかなか変えられない

★成績の良い子はさらに努力し、成績の悪い子はその位置に甘んじる

子どもは小学校に入る前から自分で順位を付けていると述べましたが、小学校に入るとそれが明確に成績表という形で顕在化《けんざいか》するため、それをみて自分の位置を再確認します。成績の良い子は、次の成績で自分より成績の悪い子に抜かれると、とても悔しい気持ちになります。成績が悪い子は、次の成績が悪くてもそんなものだろうと感じ、それを受け入れてしまいます。

つまり、成績の良い子は、努力することが日常となり、良い成績を維持し続けます。これは、兄弟でも、お兄ちゃんは成績が良いけど、弟は全然ダメだったりするケースに当てはまります。お兄ちゃんのようにはできないと思ってしまった時点で、自分の位置を決め

てしまい、努力すら怠《おこた》ってしまうのです。もちろん、ものすごい努力でそれを克服したというケースはあり、後からの努力を否定するつもりはありません。しかし、現実的には、小学校の時に優秀だった子は、大学、社会人になってからも活躍している人が多いのが現実なのです。

その背景には、自己肯定感が大きく関係してきます。勉強とは直接関係がないものでも、他人より優れていて、しかも、褒められた経験がある人は、自己肯定感が強くなります。その自信を勉強にもぶつけることで、良い成績を取ることができるのです。小さい頃から〝褒める〟という行為がいかに大切なことであるのかを考えてみてください。

ここがポイント

子どものうちに付いた順位が、自分自身の位置付けとして捉《とら》えてしまいます。成績の良い子は自己肯定感が強くなり、高いモチベーションを生み出します。つまり、最初の一歩がいかに重要かということです。

伸ばすべきは〝選択肢を増やす力〟

★社会人基礎力を高めると、多様性が育ちいろいろな可能性が広がる

今の時代、社会人基礎力が求められており、子どもの頃から社会人基礎力を育成することが大切であることがわかってきたと思いますが、社会人基礎力を高めるとどのようないいことがあるのでしょうか？

それは、一言で表現すると、〝選択肢が増える〟ということです。人は常に悩みながら生きています。小さな選択、大きな選択、何百、何千、何万もの選択をしながら日々を送っています。朝食をパンにするのかご飯にするのか、どのような服装で出かけるのか、どの大学に入るのか、どの会社に入るのか、すべてが選択になります。毎回やり直して比べることができれば明らかな正解、不正解がわかるかもしれませんが、多くの場合は、それを

確認できずに日常を送っています。

しかし、社会人基礎力の高さによってその判断に差が出てくるのです。栄養素に詳しければ食材の選び方が変わり、場の雰囲気や作法を知っていれば服の選び方も変わってきます。社会人基礎力が高ければ大きな会社に就職すると考える人もいるかもしれませんが、大きな会社がいい会社とは限りません。より自分に適した会社がその人にとって〝いい会社〟ということになります。恋人の選び方も、社会人基礎力が高ければ選択肢は増えると考えられます。つまり、社会人基礎力とは、多様な力を育てる力であり、理想、さらには幸せに近づく可能性を高める力といえるのです。

ここがポイント

勉強をすれば必ず成績が上がるとは限りません。しかし、その可能性を広げるために頑張るのです。社会人基礎力は、いろいろな局面で選択肢を増やします。一つひとつの小さな選択が大きな差になっていきます。

第2章

子どもの能力を伸ばす方法

ばあ!

〝知りたい〟が〝質の高い気づき〟に繋がっていく

子どもの〝知りたい〟を育てることが、幼児教育では最も大切

子どもの〝学び〟は、知りたいから始まります。見る、触る、聞く、嗅《か》ぐ、舐《な》める、これらはものを知るためのアクションです。「いないいないばあ」に反応すること、見えたものを触ってみること、踏切の音に耳を傾けること、ミルクの匂いを嗅ぐこと、おもちゃを舐めること、これらは、すべて興味から始まります。

おもちゃを舐めるのは汚い、と思ってしまいますが、舐めるという行為は、赤ちゃんの成長のうえでとても重要なものなのです。物を舐めることによって、その物がどんな物であるかということを確認しているのです。大人は経験上、見ることで硬さ、危険性などを判別できますが、赤ちゃんは舐めることでお気に入りのものを選別しているのです。もち

ろん、衛生的でないものはよくありませんが、赤ちゃんは雑菌を口に入れる際に、体の中で抗体を作っていきます。砂や土に触れた方がいいというのは同様の理由です。ただ、誤飲に注意し、おもちゃは口に入れても安全なサイズのものにしましょう。

また、泣いている赤ちゃんに怒っている親御さんを時々見かけます。周りに迷惑をかけたくない気持ちはわかりますが、怒って解決するケースは少ないです。それどころか、子どもの主体性を閉じ込めてしまうことになります。怒るのではなく、抱っこ、おしゃぶり、「いないいないばあ」など、子どもを静かにさせるテクニックを活用しましょう。小さい頃から赤ちゃんとの対話を増やすことで、〝質の高い気づき〟を育ててあげることが大切です。

ここがポイント

子どもの行動意図がわからないこともあると思いますが、多くの興味がさまざまな行動に繋がります。知りたいという気持ちは、否定しないことが大切です。危険が伴うこと以外は、できるだけ見守ってあげるといいと思います。

1つの答えを出すことがゴールではない

★算数の答えは1つではなく、複数の角度から考える力が大切

わからないことがあれば、正しい答えを教えてあげたいものです。1＋1＝2のようにすっきり答えが出ると安心できます。しかし、社会では多くの場合、答えは1つではありません。場合によっては答えがないということもあります。

例えば、こんななぞなぞがあったらどうでしょう？「目が3つで足が1本のものってなーんだ？」想定した答えが信号機だったとします。しかし、子どもが「フォーク」と答えた場合、どうしますか？　多くのお母さんは、〝惜しいけど違う〟と答えるようです。なぜ、正解ではないのでしょう？　フォークの先を目と捉えた発想は、むしろ大正解です。では、「3つ目小僧」と答えたらどうでしょう？　3つ目小僧は一般的には足が2本なので違

うといってもいいでしょう。そもそも妖怪なので、からかさ小僧のように足が１本でもいいのかもしれません。そう考えれば、足が１本の３つ目小僧を正解としてもいいのです。
別に、揚げ足を取ったり、正解を変えようとしているのではありません。多くの正解を出すことで自信が付きます。また、１つの答えを出すことで思考を停止してしまうことはよくありません。新しい製品を開発するには、技術だけではなく、形、使いやすさ、触り心地、宣伝方法、販売ルートなど、さまざまな視点で多くのことを考えていかないといけません。そして、同じものでもいろいろな角度で物を見る力を養う必要があるのです。思考を広げることは自分の力で考え抜く力へと繋がり、自己肯定感も高まります。

ここがポイント

社会ではいろいろな答えがあることを教えてあげましょう。人と違っていても正解になることがあるというのは、思考の幅を広げるのに重要です。また、より深く、多様な視点で考える力も付いてきます。

算数に必要なのはイメージ力

★算数力アップの鍵は計算手法の暗記ではなく、考え方の習得

英語教育は早くから始めた方がいいといいますが、計算も早くから覚えさせた方がいいのでしょうか？　子どもの記憶力は非常に高いので、3歳児でも足し算、引き算、九九などを覚えることは可能でしょう。しかし、形式を先に学んでしまうと応用力が失われてしまうことが懸念されます。覚えること自体は悪いことではありませんが、小学校高学年になり、算数の授業に付いていけなくなる大きな要因は、公式を優先するがゆえに〝イメージ力〟が身につかないからなのです。高価な教育グッズを買う必要はなく、身近なおはじきやお手玉などで計算のイメージを作ってあげるといいでしょう。

さて、2×3の意味を考えてみましょう。2＋2＋2とイメージできると思います。で

は、割り算はどうでしょうか？　専門的には等分除と包含除という二種類があり、６÷２を行う場合、等分除は６ｍのひもを２つに分けるイメージになります。包含除は６ｍのひもから２ｍのひもが何本取れるかという考え方です。６個のみかんを２個ずつ分けると何人で分けられるか、という問題も同様です。包含除は、引き算の思考になります。日本の教育では割り算は等分除を中心に教えますが、海外では包含除で教えることも多く、子どもにとっては包含除の方が理解しやすいという報告もあります。最近はプログラミング教育が進んでいますが、プログラミングでも割り算を引き算で計算する考え方があります。高校で習う微分や積分も割り算や掛け算の延長です。イメージが算数を楽しくします。

ここがポイント

公式で算数を覚えてしまうと、応用が利かなくなります。まずは、数のイメージをしっかり付けて、日常の中に算数があることを学びましょう。割り算の理解は子どもによって違います。理解しやすい方法で教えてあげましょう。

読み聞かせはお膝の上で

★本を読むことが楽しい、という空間を作ってあげることが大切

読み聞かせは、想像力や言語能力が高まり、感情が豊かになるといわれ、その効果は多くの専門家が高く評価しています。実際に、読み聞かせ中の子どもの脳では、喜怒哀楽を生み出すとされる大脳辺縁系《へんえんけい》が活発に働いているという報告もあります。さらに、ＩＱやストレス耐性が上がるとされる愛情ホルモンの分泌が活発になるともいわれています。

しかし、大事なのはどのような体勢で読むかなのです。子どもは、本を読んでもらうことで多くの物事を想像します。その想像の深さが思考の広さに繋がっていきます。イメージを膨らませるためには、心地よさが求められます。お母さん、お父さんと顔がくっつくぐらいの距離感を作れる体勢、それが、膝の上なのです。膝の上に座ることができる嬉し

さと、本を読んでもらえる楽しさが同じ空間の中で実現できることが〝本が好き〟に繋がっていきます。同じ方向を向くことで、その世界を共有しやすいというメリットもあります。

もちろん、子どもが対面の方が紙芝居みたいでいい、読んでいる口の動きを見せたいというのであれば、それでもいいと思います。大事なことは、子どもが心地よい体勢で読んであげることです。また、子どもは好きな本を何度も読んでもらいたがります。親はまた同じ本を読むの、という気持ちになりますが、子どもの中では読んでもらう度にイメージの膨らみ方が違ってくるようです。繰り返し読んであげるうちに、着眼点も変わってきます。短い時間で構いません。時間のある時に少しだけ読んであげれば十分です。

ここがポイント

読み聞かせは、親と同じ空間を共有する大事な場所。時にはなんで悪いことをしたのかな？　この後、どうなるのかな？　と文間を一緒に考えてあげるのも思考力を高める要素になります。

子どもの発信力を養う質問の仕方

★発信力を育てるには、「イエス、ノー」で答えられない質問が有効

子どもとの会話が大切だと思い、「さっちゃんと楽しく遊んだ?」「ケンカはしなかった?」などと質問することがあると思います。もちろん、会話をすること自体とても素晴らしいことですが、せっかくならば、「イエス、ノー」では答えられない質問を増やすといいでしょう。「楽しく遊んだ?」と聞かれれば、「うん」となりますが、子どもながらにいろいろなことがあったはずです。大人のように順序立てて話をすることは難しいことですが、「今日は遊びに行ってどんなことがあった?」と聞けば、いろいろと話してくれると思います。

日本では、小学校に入ってから〝勉強〟を始めると思っている親が多いようですが、あ

えて計算やひらがなを教えない保育園や幼稚園があるのは、暗記の癖を付けないためです。決して計算やひらがなを教えてはいけないと言っているわけではなく、日常の生活、会話、読み聞かせなどの中で、自然に計算やひらがなを覚えていくことはむしろ素晴らしいことです。以降の章でも詳しくご説明しますが、社会人基礎力の3要素、12項目を高めるには、学校の学びだけでは不十分であり、幼少期からのご家庭でのちょっとしたやり取りがとても大切です。子どもは、大人よりも多くのことに関心を持ち、たくさんの感動の中で生活をしています。「イエス、ノー」以外の質問に対してうまく説明できない時は、じれったいとは思いますが、考えている大事な時間なのでじっくり聞いてあげましょう。

ここがポイント

子どもは感受性が豊かで大人よりも多くのことを感じながら生活をしています。その思考の素を、会話によってできるだけ引き出してあげましょう。発信力、働きかけ力、創造力などがどんどん高まっていきます。

地球儀をいつも手の届くところに置いておく

日頃の生活の中で興味を膨らませることが、勉強の原点

小学校に入って理科と社会で何を学ぶかご存知ですか？　実は、平成元年度の学習指導要領の改訂において、「生活科」という科目が新設され、1、2年生から「理科」と「社会」がなくなりました。国語や算数に比べて重要ではなくなったのか、というと、決してそんなことはありません。理科と社会というと覚えることが多い、というイメージを持っていませんか？　理科と社会は、生活に深く関わる事柄について考え感じる科目です。1、2年生では、まだ読み書きする力に差があり、本質を見ずに、つい暗記してしまいがちです。

そこで、「具体的な活動や体験を通して、自立への基礎を養う」ことを狙いとしてできたのが生活科です。つまり、身近な出来事、自然、地域などに関心を持ち自ら動いて考える

ことが大切になります。まずは、学校探検、街探検、あさがおの栽培などを勉強していきます。もちろん、身近なものから勉強するということはわかりやすいですし、理にかなっていますが、自分たちの街は日本のどこにあるのか、日本は世界のどこにあるのか、他の国にはどんな人たちがいるのか、など想いを馳《は》せたうえで街を調べると、違った景色が見えてくると思います。今はグローバル社会であり、子どもたちが大人になった頃には否が応でも世界の人たちと密接に関わります。そのような時だからこそ、地球儀を手の届くところに置いてみてください。子どもたちはあっという間に世界の国々を知ることができます。平面地図では国と国の距離感がわかりません。是非、地球儀で世界を見せてあげましょう。

ここがポイント

理科、社会は暗記科目ではありません。日々の生活の中で多くのことに関心を持つことで、イメージを膨らませます。日本地理や歴史を勉強するときにも世界からの視点を意識すれば勉強はぐっと楽しくなります。

蟻《あり》や雲、花などの観察をやめさせない

★観察力は社会で成功するための大事な要素、見守る根気が大切

子どもがいつまでも蟻を見ているとき、「蟻なんか見ていないで、早く来なさい！」なんて言ったことはありませんか？　大人からみると蟻をずっと見ていて何が面白いのだろうと思うかもしれませんが、集団行動を取る蟻をよく観察するととても面白いものです。一生懸命に大きな餌を運ぶ蟻、幼虫を育てる蟻、監視をしている蟻など役割分担がありま す。子どもがそれをどこまで理解して見ているのかはわかりませんが、動物、植物の動きを観察することは理科の能力アップの第一歩です。

私も長く研究に携わってきましたが、物をよく観察することは仕事をするうえでとても大切なことです。動きの変化、個体ごとの違い、考え方の相違など、どれだけ多く気が付

くことができるのかが仕事の成果に表れます。２００８年にノーベル化学賞を受賞された下村脩《しもむらおさむ》先生は、クラゲなどの発光生物の研究を50年もの間中断することなく続けたそうです。雲や草花なども、ただ見るだけではなく、大きさ、色、形など細かい部分まで一緒に観察してみると、きっと新しい発見があると思います。発見は好奇心に繋がります。多くの研究者は、強い好奇心をエネルギーにして研究を重ねます。もちろん、研究者だけが発見を必要としているわけではなく、勉強も発見する楽しさが増えればやる気が出てきます。スマホで簡単検索もいいですが、自分で見つける素晴らしさを少しでも手助けしてあげてください。自分から机に向かう時間が増えてくるかもしれません。

ここがポイント

いつもなんとなく見過ごしてしまうものってたくさんありますよね。子どもの観察力はすごいです。忙しい中、ほんのちょっとの寄り道が子どもの探求心に火を付けます。大人でも新しい発見があるかもしれません。

英語は聞いているだけでは話せるようにならない

聞く力と話す力は別のもの、真似して声に出すことに意味がある

英語を小さいうちから勉強させたい、と思っている方はとても多いのではないでしょうか？　自分自身が英語を話せない方は特に、ＤＶＤを買ってきて見せておけばそのうち耳が慣れて話せるようになっていると思っていませんか？　本を読んでいるだけで、漢字のテストで１００点が取れますか？　難しいですよね。それと同じです。読む、書く、聞く、話すは関連しますが、別々の要素です。ＤＶＤを見るとしても、ただ見るだけではなく、真似して口に出すようにすると上達はかなり早いようです。

昔の英語の授業では、読み（リーディング）、書き（ライティング）が中心でした。内容も、This is a pen.　How do you do? など、普段の生活ではあまり使わないものが多く、イ

メージが湧かなかった方も多いのではないでしょうか。

子どもは、英語に対して苦手意識がありません。身近な英語のフレーズに触れさせ、真似をして話す癖を付けさせてあげてください。少しくらい発音が違っていても注意せず、続けることが大切です。１度カタカナにしてしまうと脳に直接インプットできないようです。thの発音などは、日本人だけでなく、世界の多くの国で苦労している発音です。サンキュー、シンクのように、thをサシスセソで発音するのは世界広しといえども私の知る限り日本くらいです。thが発音できない人はタティトゥテトにするといいようです。タンキュー、ティンクとすれば、かなり通じ方は変わると思います。子どもの耳を信じましょう。

ここがポイント

親が英語を得意とするのであれば、日常会話の中で時々英語でのやり取りをするのが最高だと思いますが、英語が話せない場合は、英語の歌やＤＶＤを真似することで自分の声を聞き、正しい発音を身につけることができます。

悩みごとを解決してあげる必要はない

★子どもは話を聞いてもらいたいもの、親の意見を押しつけない

子育てには、いろいろなノウハウが必要ですが、最も大切なことは親子の信頼関係です。信頼関係の構築には、話を聞いてあげることが有効であるということは、多くの本に記載されている通りです。子どもも多くの悩みを抱えながら生活しています。その、モヤモヤした感情を聞いてあげ、抱き込んであげることが重要です。

しかし、良い親になろうとするあまり、悩みを解決しようとすることで、かえってモヤモヤを増幅させてしまうことがあります。もちろん、子どもにとって適切な回答であれば一番いいと思いますが、子どもの悩みは大人にはわかりにくいものが多く、少し違うだけで、すっきりしない状態になります。それどころか、頭ごなしに意に反した結論を伝えて

しまうと、話をしたこと自体後悔することになりかねません。特に、小さい子どもは自分が感じたことを発信したい気持ちが強く、答えを求めるより、聞いてもらい、自分で整理してまた考える、という繰り返しが思考力を高め、自己肯定感に繋がっていきます。

親は答えを出すことより、思考の手伝いができればそれで十分なのです。聞いてもらえるととても安心し、また話したくなります。「そうだね」「大変だったね」「すごいね」などの言葉で共感してあげると、親子の信頼関係は深まっていきます。もちろん、反対意見もあるでしょう。その時には、「他に方法はあるかな?」「違った考えはある?」と問いかけてあげるといいでしょう。話しているうちに整理できることがあるかもしれません。

ここがポイント

子どもとの信頼関係を構築するうえで、親子の会話はとても重要な要素です。しかし、親の意見を押しつけてしまうと、かえって頭の中を整理しきれないものです。話をじっくり聞いてあげることが、自己肯定感を高めていきます。

第3章

前に踏み出す力（主体性、働きかけ力、実行力）を育てる

10

イヤイヤ期は感情のコントロールを学ぶ大切な時期

★イヤイヤ期、いったん受け入れてから対応方法を考える

成長の過程とわかっていながら、どうにも大変なのが〝イヤイヤ期〟です。個人差があるものの、2歳半ば頃からイヤイヤ期は訪れます。「ダメ」と言えば泣きますし、受け入れると、ぐずればなんでもいうことを聞いてもらえると思ってしまいます。

結論からいうと、できるかどうかに拘《かかわ》らず、いったん受け入れることが大切です。イヤイヤ期は、感情のコントロール方法を学ぶ時期で、自分の要求を認識し、相手に伝える力を養っています。これは、社会人基礎力を高めるためにもとても大切な作業です。それを否定し続けると、主張することをやめ、将来、殻に閉じこもってしまうことにも繋がりかねません。大変ではあっても、まずは受け入れる努力をしましょう。

とはいっても、なんでも言うことを聞いていては、わがままになるだけです。例えば、「これ食べたくない〜」と言ってきた場合は、「そうだよね、苦手なものってあるよね。じゃあ、１個だけ食べて終わりにしよう」とゴールが見えるようにしてあげましょう。服を着替えるのがいやなら、「服を着るのって難しいよね。でも、できたらすごいなー。どうかな、やっぱりできないかな」「服着られる人、手を挙げて！」という感じでやる気を促すことが効果的です。また、違う話にすり替えるテクニックも必要です。「これ買いたーい」とぐずったときは、「そういえば、この前のかけっこ速かったね。どうやって走ったかちょっと見せて！」など興味のある話題にすることでうまくいくケースもあるようです。

ここがポイント

物を投げつけた子どもに、「ダメでしょ！」と言いたくなる気持ちはわかりますが、「ぽいってできたね、今度はボールでやろうね」と前向きに接してあげましょう。歩き始めの赤ちゃんに「なんで転ぶのよ」とは言わないですよね。

おもちゃの遊び方を教えない

★遊び方に間違いはない、自分で考えて遊んだ方が楽しい

　おもちゃを買ってくると、まず、取扱説明書を見て使い方を確認する。これは、電気製品なども含めて考えると、とても正しいやり方です。子どもが間違った使い方をしていると、つい、「これは、こうやって…」と教えてはいませんか？　おもちゃの目的は、その機能を使いこなすことではなく、楽しく遊ぶことです。もちろん、それで壊してしまったらせっかくのおもちゃが台無しですが、落としたり叩きつけたりしなければ、子ども用おもちゃはそう簡単には壊れないように設計されています。

　例えば、立体パズルで積み木をしたり、ブロックを電車に見立てて連結して遊んだり、おもちゃの木琴《もっきん》のマレット（ばち）がどこの隙間に刺さるか試したり、いろいろな遊び方が

あるからこそ面白いのです。子どもは想像もしない使い方をします。その中で、多くの発見が出てきます。大きなものの上に小さなものを積んだ方が積みやすい、小さな穴にはマレットが入らない、などです。それを大人があっさり教えてしまったら楽しみは半減です。自分で考えて遊ぶことに価値があるのです。よく、積み木を積み上げるよりも壊すことを楽しむ子どもがいます。遊びの興味はお子さんによって異なるので、遊び方を否定せず、満足感を持たせてあげてください。規制がかかると子どもは委縮してしまい、発想力の芽を摘んでしまいかねません。近年、仕事の効率化が謳われ、無駄を省く傾向が増えてきていると思います。無駄にこそ発見があるということを意識するといいかもしれませんね。

ここがポイント

大人は過去の経験から多くのことを習得してきましたが、かえって経験により思考の幅が狭くなったり、考え方が古かったりすることがあります。危険でない限り、子どものやり方を見守るようにするといいと思います。

遊びを作るのはおもちゃじゃなくて自分

★おもちゃは推理小説と同じ、ストーリーや犯人を自分で考える

光るおもちゃ、複雑な動作をするおもちゃは子どもにとってとても面白そうであり、すぐに欲しがります。しかし、どうやったら光るんだろう？ どう動くんだろう？ ということがわかってしまうと、徐々に興味は薄れていきます。推理小説の犯人を見つけてしまった状態です。それに比べ、積み木、ボール、人形、ブロックなどのシンプルなおもちゃはそれだけ眺めていてもあまり面白くはありません。だからこそ、どうやって遊ぶのかを自分で考えるのです。ストーリー、犯人ですら、自分で変えてしまえばいいわけです。

ある小学校のグループでキャンプに行ったときのこと。「自由時間なので好きに遊んでください」そう言われた児童は、「ゲーム持ってこなかったから何をすればいいのかわか

らない」「こんな山には遊ぶものなんて何もないよ」と口々に言ったそうです。想像力と発想力があれば、「岩に石を最初に当てた人が勝ち」「ロープを枝に結びつけてブランコを作る」「生き物を探して観察する」などいくらでも遊びが生まれるはずです。受動的な電子ゲームなどではルールを作ることが難しいといえます。どこにでもある空き箱、段ボール、セロハンテープ、マジックペンなどで、作りたいものを組み立てるような遊びがお勧めです。ゲームであればボードゲームがいいでしょう。やっていくうちにルールを変えることも簡単です。世界旅行ゲームであれば、遊びながら国名や首都名も覚えられます。小さいうちから考える遊びをさせることで、主体性、働きかけ力がどんどん育成されます。

ここがポイント

ルールを覚え、それに従うことは大事なことです。しかし、自分たちでルールを決めて遊び、遊びながらルールを変えていくことは発信力や創造力向上にも繋がります。おもちゃ選びはシンプルなものにしましょう。

子どもの力を伸ばす本当の褒め方

★成功した時よりも、むしろ失敗した時を褒める

皆さんは、いつお子さんを褒めていますか？　成功した時、良い点数を取った時など、結果が伴った時に褒めると思います。例えば１００点を取ってきた子どもがいたら、当然褒めますよね。しかし、子どもからすると、次、95点だったらどうなんだろう？　１００点しか褒められないのでは？　と心配になるケースがあるといいます。逆に、頑張ったけれどうまくいかなかった時はどうでしょう？　難しいことにチャレンジして失敗するなら、簡単なものを狙いにいくのは、褒められたい心理としては自然なことです。保育園や幼稚園ではできることは限られてきますが、日常生活の中では、チャレンジし得る多くの選択肢が存在します。簡単な洋服畳みをして、できれば褒められますが、難しい洗濯物干しを手

伝って、汚したら怒られるのでは簡単な方に靡《なび》くのは当然です。

大人になると、結果が求められることが増えるので、つい子どもにも結果を要求しがちですが、大切なのはプロセスです。できなかったことにいかにチャレンジするか、多くのことにトライするかが〝多様性〟を育てるためには必要なことです。子どもが１００点を取ってきた時には、結果ではなく、「頑張っていたよね。努力が実を結んだね」という褒め方が大事なのです。そして、チャレンジして失敗した時がさらに重要です。〝失敗は成功の母〟なのですから、失敗するほど難しいことに挑戦した事実を絶賛するべきです。成功するより、失敗した方が先に繋がると教えることが実行力を養います。

ここがポイント

出世はしたくない、苦労はしたくないという社会人が増えています。無難という選択も悪くないと思いますが、１度きりの人生、失敗を恐れずに多くのことにチャレンジしてもらいたいと思います。

木登りや塀歩きを見守る力

★小さな頃に木登りをすべき、大きくなってからの方がずっと危険

子どもたちを危険から守ることは、もちろんとても大切なことです。それは、親はもちろん、子どもを取り囲む周りの人たちの責務ともいえます。しかし、それが過保護になってしまっては、子どもたちの危険に対する判断力が養われず、本当に危険なものとの区別を付けることができません。木登り、塀の上を歩くなどの遊びを、危ないからだめと言っていたらいつまでたっても登れるようにならず、いざ、挑戦した時にはどうすればいいのかわからなくなり、大けがをするケースがあります。包丁やのこぎりを使ったり、料理をするなどの行為も同様です。5歳にもなれば、かなりのことができます。何事も触ってみなければ、ノウハウが身につきません。大きくなり、知識だけで始めた時こそが、一番危

険な状態なのです。
ドイツの子どもには、「木に登る権利」「泥んこになる権利」が法律で保証されています。幼稚園教育要領においても、「周囲のさまざまな環境に好奇心や探究心を持って関わり、それらを生活に取り入れていこうとする力を養う」ことを目的の1つにしており、幼少期における自然と関わる意味合いは深く、自然の大きさ、美しさ、不思議さなどに直接触れる体験を通して、子どもは心が安らぎ、豊かな感情、好奇心、思考力、表現力などの基礎が培われます。近くに大きな公園がないなど、環境が整いにくいとは思いますが、是非、子どもを自然と触れ合える場所に連れていって、楽しんでみてはいかがでしょうか。

ここがポイント

子どもたちを危険から守るのは大切なことです。しかし、過保護はむしろ危険に対する判断力を奪うことになりかねません。木登りや料理などは、見ているときに少しずつやらせてあげましょう。

〝ひとりでできた〟という魔法の言葉が実行力を養う

ボタンがずれても、〝ひとりでできた〟で達成感が得られる

2〜3歳くらいになると、いろいろなことを自分でやりたがります。しかし、やらせてあげたいとは思いながら、時間がかかりすぎたり、やってできなかった時にぐずったりと、任せきれないのが現実です。例えば、洋服のボタン留め。ボタンがずれていたり、首の近くが見えにくくてできなかったりします。そんな時は、難しいところはやってあげて、「2つ目のボタンをひとりで留めてみようか？」と、提案してあげましょう。たった、1つのボタンではあっても、〝ひとりでできた〟ことに大きな喜びを感じます。

子どもはお手伝いが大好きです。「お洋服を畳みたい」と言い出した時にどうしますか？時間があれば一緒にやればいいと思いますが、忙しい時には困りものです。そのような時

でも、「すごく助かる、もうちょっとしたら手伝ってね」と言い、畳みにくいものを先に畳んでしまいましょう。子どものシャツやパンツを残して、「疲れちゃった。あと、ひとりで全部畳んでくれる？」と言うと、喜んでやってくれます。〝ひとりで〟〝全部〟は子どもにとって何より嬉しい言葉なのです。

〝スモールステップ〟という言い方がありますが、小さな階段でもその一歩を登れたらそれが達成なのです。仮に手伝ってあげたとしても、「この部分は、ひとりでやったんだよね」と言ってあげれば、あえてそれを否定したりはしません。ひとりでできたという達成感を積み重ねることが大きな自信に繋がっていくのです。

ここがポイント

ひとりでやらせたくても、とても時間がかかり、任せきれないことはよくあります。初めから工程すべてを任せず、ステップに分けて〝ひとりで全部できた〟という体裁を取りましょう。満足が自信に変わります。

予習を習慣づけさせる

保育園で勉強を教えないのは、考えないで覚える教育を避けるため

第2章でも少し触れましたが、積極的に勉強を教えない保育園や幼稚園があります。幼稚園教育要領においては「文字や数字を覚えておくことではなく、さまざまなことに興味・関心を持ち、自分と異なる人間と付き合う基礎を身につけることが重要」としています。つまり、目的や意味がわからないうちに計算やひらがなを教えてしまうと、単純に覚えることにフォーカスしてしまい、考える行為が抜け落ちることを懸念しているのです。

しかし、計算やひらがなを早くから学んではいけないと言っているわけではありません。むしろ、早くから学ぶべきです。保育園の指針にもある通り、さまざまなことに興味・関心を持つことが大事であり、それが計算、ひらがなであればいいのです。別に屁理屈《へりくつ》を

言っているわけではなく、楽しく学ぶのであればどんどん勉強すべきなのです。

第1章に記載した通り、褒められたこと、得意なことはどんどん興味を持ちます。勉強に興味を示したのであれば予習することはとてもいいことです。小学校に入った時に、カタカナが書ける、引き算ができると、自分の順位を少しでも高くすることができるわけですから。ただ、注意しなければいけないのは、無理やり覚え込ませないことです。勉強ではなく、生活の中でひらがな、カタカナに自然に触れ、興味が出てきたら教えてあげればいいのです。計算も、お菓子を分けるときに数えたり、おはじきで計算してみたりと、遊びの中でいつの間にか予習をしているという状況が楽しい学びに繋がります。

ここがポイント

興味・関心があるのであれば、予習はどんどんすべきです。授業が復習になれば、その場で理解できるため、家での復習が不要となるだけでなく、多くの自信を手にすることができます。

習い事は人間関係の幅を広げるチャンス

★数値化しにくい非認知能力が社会人基礎力を高める

少しでも学校より先のことを学びたいから学習塾に行く、グローバル社会に対応するために英語を学ぶ、これからのプログラミング教育を見据えてプログラミングを勉強する、どれも、無理に始めるのではなく、本人がやりたいということであればとてもいいことだと思います。

習い事であれば、非認知能力を身につけられるものをお勧めします。非認知能力とは、例えば、目標に向かって頑張る力、他の人とうまく関わる力、感情をコントロールする力など簡単には数値化できない内面の力のことです。生け花、ジャズダンスのような、一見、勉強には役立ちそうもない習い事でも、興味を持って取り組む中で何かを得たり、壁にぶつかって苦労したり、乗り越えて自信を得たりすることがとても大切です。〝好き〟〝楽しい〟という気持ちの中で努力する姿勢は、必ずどこかで実を結びます。一生懸命取り組むからこそ、どうしてうまくいかないのかを真剣に考え、やり方を変え、他の人と協力することができるのです。同世代ばかりでない環境であれば、規律性や柔軟性、情況把握力などが身につきます。まさに、社会人基礎力を高めるにはとてもいい場であるといえます。もちろん、習い事をすることで、時間的制約が生まれるのは事実です。しかし、時間の使い方を考えることは、今後の人生においてとても重要であり、むしろ、集中して物事に取り組む力が付くことも多いようです。

ここがポイント

非認知能力を身につける習い事をすることによって、上達するためにすべきことを自ら考えるようになります。うまくいかないこと、失敗した経験も頑張った分だけ大きな財産になるはずです。

グローバル社会で生き残るには、英語力を上げるだけではだめ

★グローバル教育で重要なのは、英語力よりも社会人基礎力

勉強ができるかどうかの指標として、アジアで一般的に活用されている指標が「偏差値（学力偏差値）」です。しかし、欧米では、偏差値はそれほど浸透していません。例えば、ハーバード大学の入試情報サイトでは、「大学のコミュニティに貢献してくれる学生を求めています」と記載をしています。さらには、「学業成績は決定を下す際の一部にすぎず、好奇心が強く、意欲的で創造的な応募者を募集しています」とも述べています。英語の能力はコミュニケーション手段として必要ですが、募集の基準にすら入ってきません。私が所属する東京富士大学でも、「実務ＩＱ」というキャッチコピーを掲げ、実践的な授業を通して、ビジネスで必要とされる能力を育てる教育に力を入れています。日本でも、近年は

多くの大学で筆記試験だけでは判断できないさまざまな能力を求める傾向があります。

２０２１年度の入試改革により、教科試験が中心だった一般選抜においても、「主体性を持って多様な人々と協働して学ぶ態度」を評価するため、調査書や志願者本人が記載する書類、面接、集団討論、プレゼンテーションなどを積極的に活用することが促されています。まさに、社会人基礎力を重要視した改革といえます。

グローバル教育というと、英語を勉強するイメージが強いと思いますが、今の時代は英語ができることは、必要であっても十分ではなく、グローバル化に対応することを考えると、英語力向上に加え早くから社会人基礎力を高める人材育成がとても大事なのです。

ここがポイント

偏差値を重要視しているのは、アジアの一部の地域のみです。日本でも知識偏重型入試から総合力重視型入試に変わってきています。大事なのは、ただ勉強や英語ができることだけではなく、多様な力を身につけることなのです。

第4章

考え抜く力
(課題発見力、計画力、創造力)
を育てる

子どもの絵は心のレントゲン写真

★お絵描きに正解はない、色使いやデザインを注意してはいけない

子どもはお絵描きが大好きです。それは、自由だからなのです。文字には正解があり、少し長い、はねていないなど制約がとても多いのに対し、絵は自由な創作活動です。好きなところに線を書き、いずれ丸や三角などいろいろな形に発展していきます。色も感性で重ねていきます。絵はルールに縛られたものではなく、心を描いているのです。

しかし、徐々に絵の苦手な子が出てきます。その多くは、絵にも制約を受けたことがあるケースが多いようです。「顔の色は青じゃなくて、薄橙色《うすだいだいいろ》でしょ」「指が6本になっているわよ」「ほら、クレヨンが紙からはみだしているよ」など、自由でなくなってきます。絵には写実的なものもありますが、イメージを紙の上に表現してもいいですし、自分なりに

アレンジしてもいいのです。本書でも何度か記載していますが、子どもは皆天才です。せっかく豊かな発想があるにも拘らず、大人が制約を与えてしまってはもったいないと思います。机が汚れるのが嫌なら、大きな新聞紙を敷いてから描けばいいだけの話です。

私は小さい頃に、建て替えで取り壊す家を見て、業者の人に「どうせ壊すならいっぱい落書きしてもいい？」と聞いて、絵の具で壁一面に絵を描いたことがあります。床に絵の具を垂らしても誰からも怒られないし、下手でも大丈夫なので、下書きも要りません。なかなかそのようなチャンスはないかもしれませんが、自由な絵を思いっきり描かせてあげましょう。発想の扉を開く手助けになると思います。

ここがポイント

教えずに見守ることは難しいものですが、絵は発想の塊です。変わった絵は子どもの才能の表れと考え、たくさん褒めてあげてください。描くのは子どもですが、環境は親が与えてあげましょう。

子どもの思考を広げるダジャレやなぞなぞ

★言葉遊びは正解が1つではなく、柔軟な思考が身につく

ダジャレは大人になると、くだらない、おやじギャグみたい、とだいぶイメージが悪いようです。しかし、言葉遊びと考えてみれば、子どもにはとても良い教育になります。「アルミ缶の上にあるみかん」「大将が買った衣装」など、自分で考えてみると、関連のないものでも似た文字になる面白さを学ぶことができます。CMのキャッチコピーや歴史の年号暗記などでもダジャレがよく使われていますが、これは、ダジャレを使うことで、耳に馴染みやすく、記憶に残るように工夫しているわけです。なぞなぞも、発想を広げるのにとても有効です。「お腹の中にある木ってなーんだ?」という問題は、イチョウ(胃腸)を答えとしているものですが、空気、気持ち、勇気なども正解です。答えを1つとせず、柔軟

に考えることで、より思考が広がります。

しりとりも言葉遊びとして有効です。「る」から始まる言葉が出てこなかった経験はありませんか？　ルール、ルーキー、ルーマニアなど、子どもにとって新しい言葉を学ぶことができます。また、最後の2文字を取る2文字しりとりなども、新鮮で面白いと思います。後ろから2番目の文字が「ん」「ー」は負けとなります。さらには、最初の文字を最後に付ける「あたまとり」などもやってみるといいでしょう。これらの遊びは、語彙力《ごいりょく》アップだけでなく、思考を広げる、転換力を養う、集中力を高めるなど多くの効果があるといわれています。思考の拡散、転換は社会の中の多くの場面で必要となる力です。

ここがポイント

しりとりは、食べ物限定、生き物限定などハンディキャップを付けることで年齢差があっても楽しむことができます。なぞなぞは、本に載っているものだけでなく、自分で問題を作ってみましょう。

あなどれない折り紙やブロック遊びの効果

折り紙やブロック遊びは空間認知能力を高める

算数の中でも、時計、図形、展開図など、空間認知能力を必要とするものが苦手な人が多いようです。これらは、子どもの頃にどれだけ空間認知を意識したかが重要です。特に女性は空間認知が苦手といわれています。家から学校までの地図を書いてくださいと言うと、行き方は説明できても、空間的な位置は把握できないというケースがあります。

カーナビゲーションを使う時、多くの男性は北を上にするのに対し、女性は進行方向を上にする傾向があります。医学的には、男性と女性では左脳と右脳を繋ぐ脳梁《のうりょう》と呼ばれる部分の大きさが違うことがわかっています。男性は脳梁が細く、右左脳の連携が悪いため、右半身と左半身の感覚器の入力情報が混ざらないので、その差分から脳内で算出される奥行き認識が明瞭となり、三次元空間を素早く正確に把握することに長けているようです。

では、女性は空間認知能力を高めることができないのでしょうか？　そんなことはありません。子どもの頃から、折り紙やブロックなどを使って遊ぶことで空間認知能力を高めることができます。折り紙による平面から立体への変化は空間イメージを膨らませ、ブロックは三次元の広がりを意識させます。将棋の藤井聡太《ふじいそうた》さんは、幼少期からスイスのキュボロ社が開発した「キュボロ」で遊んでいたそうです。キュボロは、ビー玉の通り道になる溝やトンネルが付いた立方体の積木で、内部にあるトンネルをうまく使って、自分だけの玉の通り道を作ることができます。是非、遊びながら空間認知能力を高めてみましょう。

ここがポイント

空間認知能力の向上は、体やボールなどの位置関係の認識に効果があり、スポーツや芸術にも良い影響があります。さらには、車や自転車との距離感を掴みやすくするので、危険回避にも繋がるそうです。

算数の理解には長さ比べや重さ比べが近道

★計算をさせる前に、量の感覚を身につけさせることが先決

算数の勉強といえば、数式が頭に浮かびませんか？　1＋1＝2。これは、何度か教えれば、2歳児でも覚えます。しかし、数の理解があっての計算であることを忘れてはいけません。数を理解するために大切なのは、〝量〟の把握です。1個のりんごと1個のりんごが合わさって2個というイメージを持つことが重要なのです。

量を感覚的に把握するには、どちらが大きいか、どちらが長いかなど、比較をすることが有効です。大きい順に並べる、少ない順に並べるなどです。ここで気をつけたいのは、概算でいいということです。細かい点を気にすることによって大事な部分が見えなくなるので、長さや量が少しくらい違っていても、〝だいたい同じ〟という概算の感覚がとても大切

です。その感覚がないと、計算間違いをした時に、例えば人の身長が15ｍとなってもそのまま解答用紙に記載するようなミスを犯してしまいます。

そして、重さを感じてみましょう。ここでも、正確に測る必要はありません。風船とスマホ、どちらが大きくて、どちらが重いのかを体得できると楽しく量をイメージすることができます。保育園に入るくらいの年になったら、物差しで長さを測ったり、秤《はかり》で重さを確認してみるといいと思います。数のイメージが膨らんできたら、おはじきやお手玉などで、足し算や割り算などを試してみるといいでしょう。この感覚が将来の難しい問題を解く際のヒントになってくるのです。

ここがポイント

数学では1％違っていても間違いになりますが、まずは日常の生活の中で量の感覚を身につけることが大切です。イメージさえ持っていれば、難しい問題も簡単に解けるようになります。

砂場でずっと砂を落としているけど、どうして？

★砂場で砂を落とすのは砂の質の確認作業、謎の行動にも意味がある

物事の観察は好奇心と思考力の芽生えです。砂を握りしめ、小指の外側から少しずつ落としていく作業は、大人からは何とも単純でつまらない動作に見えます。しかし、砂の量、粒度《りゅうど》は毎回異なりますし、握りの緩め方、落とす高さによっても砂の落ち方は変わります。もしかしたら、砂が落ちる音に着目しているのかもしれません。

子どもは好奇心の塊です。大人になるにつれ、だんだん固定観念と習慣化により興味が薄れていってしまうものです。大人が当たり前と思うことでも、新鮮な気持ちで見る力は、主体性、実行力、課題発見力、創造力へと繋がっていきます。よく、松ぼっくりや石を集めて拾ってくるのも、その違いを感じているのです。同じように見える松ぼっくりでも、子

どもにとっては、一つひとつ違って見えており、愛着が湧いているのです。第2章でも観察の大切さについてご説明しましたが、観察により違いを発見し、なぜ、どのように違うのかを調べることができれば、それは立派な研究といえます。子どもは感覚的に気に入ったものを探してくることが多いのですが、「一番気に入ったのはどれ?」「どうしてそれがいいの?」と聞いてあげることで、頭の中を論理的に整理する力が身につきます。

感覚的に行っていることを、さらに深く突き詰めることで、考える力はどんどん養われます。面白いものを見つけて感動した、まさにその時こそ、考え抜く力を育てる大きなチャンスです。思いを聞き出し、感動を共有してあげましょう。

ここがポイント

子どもは違いを見つける天才です。その感覚を引き出し、他の現象とリンクさせてあげれば、考え抜く力はより深く養われます。ちょっとした発見が、将来の大きな一歩になるのです。

「どうして空は青いの？」はどう答えるのが正解？

大切なのは、正しい答えを教えることよりも、深く考えること

「どうして空は青いの？」「なぜ雲は落ちてこないの？」などの素朴な疑問にどう対処するのかはかなり難しい話です。「青い光は空気中のチリやゴミなどでいろいろな方向に跳ね返って、他の色より見えやすい」「雲は空気中のチリにくっついた水や氷の小さい粒の集まりでとても軽いので、上に向かう空気の流れによって落ちてこない」など、専門的には説明できるものの、子どもにはわかりにくく、親でも理解することが難しいものです。

そんな時、「わからないわ」「スマホで調べてみましょう」ではなく、「なんででしょうね？　一緒に考えてみましょう」が正解です。実際にうちの子に聞いてみると、「海が青いからかなー」「神様が青い絵の具で塗ったから」などいろいろな意見が出てきました。

雲が落ちてこない理由も、「雲は、空気の絨毯に乗っかっているから」「すごく軽いから」など話が尽きませんでした。ハレー彗星で有名なハレーは、１６９１年に発表した論文で、「水の原子が熱によって膨張し、泡になることで、空気よりも軽くなるから上昇する」と説明しましたが、熱で原子が膨張することはないということが後でわかり、間違いだったことが証明されています。このように、世の中の多くのことが、実は違っていたり、わかっていないこともあります。だから研究は面白いのでしょうね。

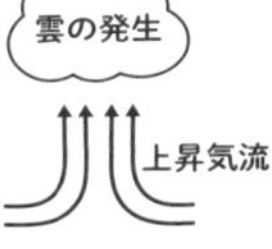
雲の発生
上昇気流
なぜ雲は落ちてこないの？

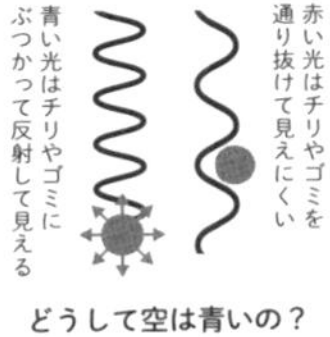
赤い光はチリやゴミを通り抜けて見えにくい
青い光はチリやゴミにぶつかって反射して見える
どうして空は青いの？

ここがポイント

物理学は多くが解明されたと思っている方もいるかもしれませんが、わかっていないことの方が圧倒的に多く、不思議なことばかりです。いい加減な説明をするより、興味を引き出すことを考えましょう。

〝勉強〟ではなく、〝クイズ〟で学ぶ

★勉強はパターンではなく、クイズのようにイメージで解くべき

勉強となると、親も子どもも身構えてしまいがちですが、なぞなぞやクイズは皆大好き。そこで、「クーイズクイズ、りんごが2個あるところに1個買ってきたら全部でいーくーつ？」という感じで、算数もクイズ形式で聞いてみましょう。そんなの同じことでは？と思ったら大違いです。勉強ではなかなかイメージが湧きにくいものでも、クイズならば頭にりんごが浮かんでくるから不思議なものです。私は高校時代に数学の全国模試で1位を獲得したことがありますが、数学をクイズとして捉えていた効果だと思っています。

なぞなぞやクイズにはひっかけも多く、広い視点で物事を考えます。例えば、「りんご、ぶどう、いちごでマジシャンに向いていないものは？」というクイズがあったとします。答

えは、「タネが見えているいちご」ですが、形をイメージしないと答えが出ません。4個のケーキを3人で分ける、という問題も、割りきれない、分数なんて習っていないなんて言い訳を言っている場合ではありません。現実的に分けないと食べられないのですから。すると、まずは1個ずつ配りますよね。残りの1個をどうするのかという少し違った問題に発展します。「3人で分けるんだから、3等分しようよ」あるいは、「パパは体が大きいからパパが2つかな」などと等分にしないという解もあるかもしれません。この答えが1つとは限らない算数がむしろ実践的であり、算数の難問を解く鍵になります。是非、生活の中でいろいろなクイズを出してみましょう。

ここがポイント

試験で点数を稼ぐなら、パターンを覚える方が早いのかもしれませんが、実践的な能力を高めるにはイメージ作りが大切です。算数以外の科目も実生活と結びつけることで、ぐっと理解が深まります。

勉強は〝キリの悪いところ〟で終わらせる

★遊びは強制的に終わらせて、勉強はキリのいいところというのは逆！

遊びなら、「もう9時だから終わりにして早く寝なさい！」と言うのに、勉強は、「キリのいいところまで終わらせてからテレビを観てね」なんて言っていませんか？　これは、とてももったいない話です。テレビ番組でも、いいところでCMになったり、次回に持ち越されたりすると、気になってまた見たくなるというものです。実は、〝ツァイガルニク効果〟といい、人は達成できなかった事柄や中断している事柄の方を、達成できた事柄よりもよく覚えているのです。つまり、勉強もキリの悪いところで終わらせると、気になってまたやりたくなるというわけです。

親の立場からすると、キリのいいところまで終わらせてすっきりしたいもの。でも、それはあくまでも親の気持ちです。親がすっきりすることを選ぶか、子どもが勉強好きへと進む道を切り拓いてあげられるか、と考えれば答えは明白ですね。

子どもが勉強をする時間も重要です。だんだんできるようになってきたら、もう少しやらせたくなりませんか？　しかし、未就学児なら15分程度、小学校の低学年なら30分、高学年でも1時間が集中力を維持できる限界といわれています。頑張りすぎて疲れたところで終わりにしていては次に向けていいイメージは残せません。「こんなにできてすごいね。後はまた明日にしようね！」と短めに終わらせて次のモチベーションを維持しましょう。大切なのは、〝またやりたい〟という気持ちなのです。

ここがポイント

勉強は頑張りすぎて疲れた時に終わらせるのではなく、短く終わらせて次へのやりたい気持ちを残してあげましょう。中途半端なところから始めて、復習をしっかりやり直せばむしろ理解は深まります。

何気ないことから大きな発見が生まれる

★一見無駄に見えることを行うことこそが、新しい発想に繋がる

ガリレオ・ガリレイは、「私は何も学びとることがないほど、無知な人に出会ったことはない」、トーマス・エジソンは、「世の中の誰もが納得するような、常識的な考え方をしていたのでは、新しいものなど作り出せはしない」と述べています。

私は、43件もの発明報告書、つまり特許を出願してきました。しかし、その多くは、論文や専門書に向き合っている時に生まれたものではなく、仕事とは関係のない友人との会話、ふと街を歩いている時などに閃《ひらめ》いたものです。最近は、忙しいお父さん、お母さんが多く、効率的に物事を行うことが良しとされる風潮があります。しかし、それは大人の話です。子どもは、くだらないこと、一見無駄に思えることをどんどん行い、新しい発想を

蓄積することがとても大切なのです。

日本人は、３のものを４にする力は高いと思いますが、１しかないものを２にする、さらには、０から１を生み出す発想力は、必ずしも高くないと感じます。私は日本が大好きですし、いいところがたくさんあると思っていますが、１００か国以上の国を見てきて感じるのは、〝協調性〟を重んじるがあまり、〝個性〟が不足していることです。「君、変わっているね」と言われて、「ありがとう」と答える日本人がどのくらいいるのでしょうか。他の子と違った行動を取る、くだらないことに時間をかける、変なところに興味がある、これらは発想を広げている真っ最中です。長い目でお子さんの成長を見てあげましょう。

ここがポイント

子どもが小さいうちは、どうしても周りの子どもたちが気になり、子どもが違った行動を取ると不安になるものです。危険でない範囲であれば、子どもの無意味と思える行動を見守ってあげましょう。

第5章

チームで働く力（発信力、傾聴力、柔軟性、情況把握力、規律性、ストレスコントロール力）を育てる

こんにちは！

なぜあいさつは必要なのか

★コミュニケーション能力の向上は、あいさつから始まる

昨今、あいさつのできない社会人が増えていると感じます。朝、「おはようございます」、昼にすれ違う時に、「こんにちは」というあいさつができない人がいます。せめて、会釈はして欲しいものです。満員電車から降りる際に、「すみません、降ります」と言えず、無理やり他人を押しのけて降りることで顰蹙《ひんしゅく》をかっている人もいます。最近は、小学校でもあいさつ週間という期間があり、あいさつを積極的に行うように指導しています。大変素晴らしい取り組みであると思いますが、裏を返せば、このようなイベントを行わなければならないほどあいさつが習慣化されていないともいえます。

人間関係は、あいさつから始まります。小さい頃から、「おはようございます」「ありが

とうございます」「いただきます」「ごちそうさま」「おやすみなさい」は言わないと気持ちが悪いくらいに習慣づけるといいと思います。

会社に入ると１人で仕事することは少なく、コミュニケーション能力がとても重要となります。チーム内で気持ちよく働くためには、まずはあいさつなのです。研修会などで知らない人と隣の席になった時に、「どちらから来られたのですか？」の一言が言えれば、その後の研修はリラックスして受けられることが多いと思います。ＡＩが普及し、単純作業がコンピュータで行える時代だからこそ、あいさつから始まるコミュニケーションの大切さを十分理解していただければと思います。

ここがポイント

仕事内容が複雑化し、多様性が求められる時代の中、あいさつから始まるコミュニケーション能力が大変重要になってきています。〝たかがあいさつ、されどあいさつ〟、小さい頃から習慣化させましょう。

親の言葉が子どもの標準語

★親が子どもに丁寧語で接すると、子どもの言葉遣いはよくなる

我が家では、子どもに対し物心が付く前から丁寧語で接するようにしています。子どもはまず親の真似をすることから言葉を覚えます。「赤いボールを取ってください」「ありがとうございます」といった感じです。決して子どもに遜《へりくだ》っているわけではありません。規律性は社会人基礎力を育てる1つの要素であり、コミュニケーション能力を高めるうえでも重要なポイントです。とはいえ、完全な丁寧語を使う必要はありません。優しい言い方は子どもにとっても受け入れやすい表現になります。決して、「赤いボール取ってこい！」「早く食えよ！」などの表現は使わないでいただきたいものです。

では、いつまで丁寧語なの？と感じる方も多いと思います。それは、個人差があるので

はっきりとは言えませんが、4、5歳頃に特に悪い言葉を使いたがりますので、小学校に入る頃までは、丁寧語を使うことをお勧めします。もちろん、親子なので対等な話し方にすべきという意見もよくわかりますし、家庭それぞれ考え方があると思いますが、少なくとも丁寧語を身につけさせ、先生など目上の方に丁寧な表現を迷いなく使えるようになってもらいたいものです。また、親が子どもに対して丁寧語を使わなくなってからも、子どもが自主的に丁寧語を使うのであれば、それは習慣化されたと考えていいと思います。近年、子どもの親に対する尊敬の念が不足しているように感じてなりません。子どもは親の鏡だという意識で、しっかりした言葉を覚えさせてもらいたいと願います。

ここがポイント

子どもは親の鏡です。悪い言葉を使えばあっという間に使い始めます。「～しなさい」を「～しましょうね」「～するよ」に変えるだけで、共感意識が深まり、心の通った優しいやり取りになります。

ものの貸し借りでつかむ友達との距離感

★「貸してあげなさい！」は子どもの気持ちを聞いてから

子どものケンカの多くは、物の取り合いといわれています。その理由は、物には〝占有者がいる〟という観念がないことが大きいようです。3歳頃までは、占有者の観念を理解させるのはなかなか難しいので、「かーしーて」「いーいーよ」の繰り返しが大切です。

しかし、4歳頃になると、自分が先生から借りてきたものだから自分が使うべき、使い始めたばかりだからもっと遊びたい、などと占有者の観念が少しずつ出てくるので、「貸してって言っているんだから、貸してあげなさい」と一方的に言うのは、大きな不満となります。そんな時は、「どうする？　貸してあげる？」と子どもに判断を委《ゆだ》ねるか、「使い終わったら貸してあげようね」と促すことが大事です。

借りる立場だった場合も、「貸して」から、「次、貸してね」に変えると、相手の子どもが納得し、うまくいくことが増えてくるようです。子ども同士でも友達との距離感はとても大切です。そうはいっても、友達がすぐに返してくれると言ったのに他の子に貸してしまうなど、うまくいかないことも多々あります。そんな時には、「本当は、もっと遊びたかったのにね」と同調してあげれば次の糧になるでしょう。ケンカに発展しそうなときに親が介入するのは仕方ないことですが、どうするのかの判断はできるだけ子どもに委ねることが大事です。近年、ちょっとしたことでも判断できない子どもが増えてきています。できる範囲で〝決める力〟を育ててあげましょう。

ここがポイント

良い子とはどういう子でしょうか？　以前は言うことを聞く子、悪いことをしない子がその典型でしたが、社会人基礎力を高めるには、それに加えて、主体性、計画力、発信力なども培っていく必要があります。

小さな変化に気づく力を育てる

★小さな変化を見つけることが、本質を見抜く力に繋がっていく

推理ドラマを観ていると、回想場面が流れ、聞き取り調査時の犯人のちょっとした言動や現場の小さな遺留品を思い出すことで事件の解決に繋がるシーンがあります。私は探偵ではないので、それほど鋭い推理はできませんし、普段の仕事をしている中でも、よく考えれば気づいたはずの間違いやミスがたくさんあります。

大学の授業で、縁日の福引の値段を計算する問題を出したところ、正解の150円に対し、ある学生は15万円と答えました。もちろん、間違えること自体は仕方ありませんが、福引に15万円かかるのはおかしいと思う感覚が重要なのです。算数だけではありません。化学実験で赤い液と黄色い液を混ぜて青くなったら、何か特別な化学変化が起きていると考

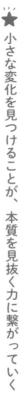

えるべきなのです。森の動物は、ちょっとした異変を感じ、緊急事態が起きる前にアクションを起こし始めるといいます。普段の生活でも何も考えないで過ごしていると、大事なことを見失いがちです。

１９６２年作の童謡『アイアイ』で有名なマダガスカルに生息する原猿アイアイ。多くの人が研究し、飼っている人が多数いるにも拘らず、２０１９年になってようやく指が６本あるということが、論文で発表されたそうです。仕事をするうえでも、状況の変化、メンバーの心理面などわずかな変化を誰かが気づくことで、大きな成果になることが多いのです。当たり前なのか、特別なのかを見極める力がとても大切であるといえます。

ここがポイント

仕事の中で、新製品を思いついたり、交渉相手と商談を成立させたりするためには、普段から考える力、わずかな違いを見逃さない力が必要です。生活の中でよく観察する力を身につけさせてあげましょう。

ごっこ遊びで養う社会性

★ごっこ遊びの中には、社会人基礎力を高める要素が凝縮している

子どもはごっこ遊びが大好きです。ふざけているように見えて、親や先生、赤ちゃんなどの役を演じ、現実的なやり取りを重ねています。ごっこ遊びの価値は古くから知られており、心理学者のレフ・ヴィゴツキーは、ごっこ遊びを認知・情緒・社会的発達を促していく高度な遊びだと考えていました。

ごっこ遊びには、他の人の立場に立つ、身の回りにあるものを別のものに見立てる、他人との関わりの中でイメージを広げる、遊びの中で自己表現をする、コミュニケーションの中で折り合いを付けるなど、多くの要素が凝縮されています。

家庭を舞台としたごっこ遊びを行う場合は、家族の行動を観察する力が必要ですし、状

況を再現する表現力も養われます。しかし、役柄が固定され、パターン化してしまうと観察力、表現力、想像力などが身につきません。ピアノの先生、動物園の飼育係のおじさん、駅員さんなど役割を変えたり、違う設定にするなどの工夫も必要です。時には親が中に入り、新たなキャラクターとなることで、より創造力を膨らませることができます。

今日は遊園地に行った設定にしようか、皆動物になってみるのはどう？などといつもとは違うシチュエーションを提案してあげることで、さらなる観察力、表現力、社会性などの向上に繋がるとともに、他人の気持ちを共有する心の発達にも効果があります。ごっこ遊びの奥深さを是非、感じてみてください。

ここがポイント

ルールが決まったゲームでは、なかなか創造力や柔軟性を高めることはできません。ごっこ遊びは、設定、配役を自分たちで決め、道具も身近なもので代用します。シチュエーションを変えてさらにイメージを膨らませましょう。

いくら汚しても怒らない日を作る

★子どもはストレスがないなんてウソ、ストレスを解消する時間が必要

子どもはストレスがなくていいなあ、と思ったことはありませんか？　子どもだって友達と仲良くできない、頑張ってもうまくできない、やる気が出ないなどストレスを感じながら生活しているのです。そんな時、安心させるための「大丈夫だよ」「他の子もよくある話だよ」などという言葉では、全くストレスは解消されません。「そうなんだ、それは大変だね。よく話してくれたね」と大変さを共有してあげること、話してくれたことの素晴らしさを伝えることが大切なのです。例えば、子どもはすぐにお腹が痛くなります。でも、親はその痛みの程度がわかりません。私自身も、子どもの頃よくお腹が痛くなりましたが、そんなものだろうと思って過ごしていたら、大変な病気だったという経験があります。「少

し休めば大丈夫」などといった根拠のない対処では、子どもは不安を感じずにいられません。「また痛くなったら必ず言うんだよ」という寄り添った態度で接してあげてください。

また、ストレス解消の時間を作ることも大切です。いつも服を汚さないように気をつけている子がいたら、たまには〝汚してもいい日〟を作り、思いきり泥まみれにさせてあげる、〝トイレットペーパー芯出し競争〟と題してトイレットペーパーを１ロール一気に巻き上げるなど、普段なかなかできない体験を時々させてあげると、かなりリフレッシュできると思います。ただし、トイレットペーパーがもったいないと思われる方は、巻き上げたペーパーをいくつかに分け、空のティッシュペーパーの空き箱に入れて再利用しましょう。

ここがポイント

小・中・高校いずれも主体性を育むという指導要領の下勉学に励んでいながら、ルールという枠組みの中で自分自身を閉じ込めてしまうことが多々あります。たまには羽目を外す行動も、ストレス解消には大切です。

毎日コツコツやりなさい、はNGワード

子どもが勉強するモチベーションは褒めてあげることでしか高まらない

漢字の書き取りを2ページ、足し算を5問など、毎日コツコツやることを美徳と感じていませんか？　我々大人でも毎日必ずやらなければならないことがあると、プレッシャーを感じますし、実際続けることが難しいことも知っているはずです。それを子どもに押しつければ、プレッシャーがかかり、やりたくない気持ちが勉強嫌いへと繋がりかねません。

特に疲れている時、どうにもやる気が起きない時は、無理にやっても身につくはずがありません。大切なのは、毎日行うことではなく、集中して勉強すること、自分から率先して行うことです。もちろん、子どもがそれを苦にせず、コツコツやっているのであればやめさせることはありませんが、無理にやらせるより、調子がいいときにたくさんやり、疲

れている時やどうにもやる気が起きない時にはむしろやらない方がいいのです。私は子どもに勉強しろと言ったことはありませんし、親から言われたこともありません。必要と感じた内容を、やりたい時に集中して勉強したからこそ、その記憶は後々まで残るのです。

子どものほとんどは、勉強が嫌いです。私もそうでした。はじめに、にも記載しましたが、人が努力するモチベーションは大きく分けて3種類しかありません。「褒められる」「達成感を得る」「大きな目標がある」です。子どもが小さいうちは達成感を得ること、目標の設定が難しく、褒められることでしか勉強したい気持ちを高められないのが一般的です。やりたい時に集中してやらせ、できたらしっかり褒めてあげることが大切です。

ここがポイント

自分から勉強をしてくれたら、とは親なら誰もが思うことですよね。勉強する習慣を付けさせたいがために無理やり勉強させると、勉強が嫌いになるリスクがあります。勉強する習慣が付くまではとにかく褒めてあげましょう。

第6章

自己肯定感を高める

子どもは皆生まれ持っての天才

★子どもの個性を伸ばすには、先入観にとらわれず見守る覚悟が必要

うちの子は絵を描くセンスがすごい、2歳なのに1から100まで数えられる、新幹線の駅名を全部覚えた、など子ども自慢をする親がいます。それは親バカというのでしょうか？　私は子どもの凄さを感じることはとても大切なことだと考えています。アルベルト・アインシュタイン、トーマス・エジソン、ガリレオ・ガリレイなどは誰もが認める世界的天才です。アインシュタインはわずか9歳でピタゴラスの定理を証明しましたが、幼少期は言葉を発するのが遅く、両親から心配される子どもだったそうです。その後、「常に問いを持つ」「分析する」「わからないことは質問する」「議論する」「仲間を大切にする」という5点に着目した教育を受けたことによりその能力が開花したといわれています。

もしかしたら、あなたのお子さんもすごい才能を持っているかもしれません。しかし、その才能が特別であり、他人とは違うとしたらどうでしょう？　ガリレオのように、地球が丸いと言って周囲からバカにされることすらあるのです。それでも、子どものことを信じて応援できるかどうかが大切だと思います。型に嵌《は》めれば悪い子にはならないかもしれませんが、その副作用として、大事な能力を奪ってしまうこともあります。IT化はますます進行していきます。他人との競争の前に、誰でもできることはコンピュータに取って代わられます。発想力、コミュニケーション能力などAIでは容易に置き換えられない能力を養うことが重要になってきます。

ここがポイント

子どもに親の教育観を押しつけては、親を超えることはできません。子どもは皆生まれ持っての天才です。その能力を信じて、持っている力を最大限発揮できる環境を整えることが大切です。

昔の価値観にとらわれない家庭教育

★多様性が求められている中、家庭での教育がますます価値を高めている

「昔はこうだった」「昔はよかった」と、それぞれに昔を懐かしむ思いがあると思いますが、時代は確実に進んでいます。昔の話を楽しく語り合うのであればいいと思いますが、我が子をどう育てるかという観点では、昔のことを引き合いに出すのではなく、時代に適合した教育をしていかないと、取り残されてしまいます。日本の教育は、集団行動に強く力を注いだ時期もありますが、グローバル社会となり、個の力が求められ、社会人基礎力を育てる教育を子どものうちから目指す現在の方針の中、親が昔の経験を持ち出し、ルールで縛りつける教育をしていては、子どもの個性を育てることはできません。親は子どもを信じ、あくまでもサポート役に回る覚悟が必要ではないかと感じています。

経済産業省が提示している、社会人基礎力の3つの能力、12の能力要素は今の世界情勢を鑑《かんが》み、とてもよく考えられています。ただ、それを学校教育のみに委ねていては不十分だというのが本書の趣旨でもあります。自分の子を良い子に育てたいというのは、誰しもの共通の願いだと思います。そのような中、難しい理論よりも、目先の、誰にでもできる教育方針が欲しいのではないでしょうか？　子どもは十人十色です。親も同様です。もし、本書に記載させていただいた項目の1つでも2つでも、ご賛同いただける部分があれば何よりです。今後の教育は、ますます難しい局面を迎えるかもしれません。それでも、子どものやりたいことを応援する姿勢は貫いていただきたいと思います。

ここがポイント

多様性の時代といわれる中、多くの能力が求められています。手に職を持つことが重要とされた時代から、答えが複数出せる発想力が価値を見い出す時代に変化しています。時代に合わせた家庭教育が必要とされているのです。

子どもの自己肯定感を高める話の聞き方

★子どもからの相談は、口を出さず最後まで聞いてあげる

「あのさー、今日友達がね……」と話しかけているのに、「今、忙しいから後でね」と話を聞かなかったことはありませんか？　もちろん、皆さんお忙しいので、よくあるでしょうし、仕方ないことだと思います。私自身もよくあります。

子どもは、嬉しかったことや悲しかったことなどの報告をする場合と、モヤモヤした気持ちを聞いて欲しい場合があります。前者は結論がすぐに伝えられますが、後者は前提条件を説明しないと本質にはたどり着かないことが多く、話が長くなりがちです。また、親としては的確にアドバイスしないと、という意識も働き、途中で口を挟んでしまうケースが多いようです。子どもの立場からは、答えが欲しいというよりも、とにかく聞いて欲し

いという気持ちが強いので、「うん、うん、そうだよね」と聞いてあげる姿勢が重要なのです。言いたいことを理解してもらったうえでの賛成、反対の意見であればいいのですが、途中で意見を言われ、言いたいことと食い違いが生じた場合は、相談したこと自体を後悔することになりかねません。

逆に、子どもの話を最後まで聞いてあげることは、自己肯定感を高める要素になります。もし、話した内容に対してアドバイスができなかったとしてもそれでいいのです。悩みを抱えているという事実を知って欲しいということもあるわけですから。無理なアドバイスは自己否定に繋がり、モヤモヤ感を高めるケースがあるので注意しましょう。

ここがポイント

親への相談は、答えが欲しいというより、聞いて欲しいということが多いものです。重要なのは共感することと、思考の整理を手伝うこと。話すだけで、ある程度頭の中は整理されるので、最後まで聞いてあげることが大切です。

「勉強しなさい!」と言ったら親も責任を持つ

★勉強をやらない時に怒るのではなく、やった時に褒めてあげる

子どもに「勉強しなさい!」と言って、やらない時には怒るけれど、やっても褒めないということはありませんか? やるのは当たり前、やらないと怒られる、となると割の合わない取引ですよね。やったかどうか見てあげて、やったらしっかり褒めてあげましょう。

仕事では、依頼した仕事は必ずどうなったのかをチェックします。チェックしないのであれば、それは大した仕事ではなかったということです。子どもの感性は大人が思うより鋭いです。指示、依頼をしたのであれば、その結果を確認するところまで責任を持つべきです。忙しいのであれば、言わない方がいいのです。その場合は子ども自身の責任なので、宿題をやらなければ、自分に跳ね返るのですから。

一番よくないのは、やっているにも拘らず「早くやりなさい！」というケースです。著しく、やる気を奪ってしまいます。言わなくてもできるようになるまでには誰でも時間がかかります。もちろん、個人差はあります。言わないのをいいことに宿題すらやらないとなると確かに心配ではあります。そういうときは、「宿題はどう？」というように、怒らず質問形式で聞くのがいいでしょう。まだやっていないという場合は、「ちょうどやろうとしていたところなんだよね」と、宿題をやることを肯定的に言ってあげると、忘れていたとしてもやろうかというモードに入ります。「なんでいつも言わないとできないの？」と比べてみてください。やる気スイッチの入り方はだいぶ違うはずです。

ここがポイント

ちゃんと見てもらっているんだという安心感が大切です。「やりなさい」と言ったのに結果を見ないのなら、言わない方がいいのです。60点でもその前の50点より上がったのであれば、褒めてあげましょう。

得意なことを知ればそれだけ強くなる

★人には必ず長所と短所がある、短所を注意するより長所を伸ばす

「いじめ」を広辞苑で引いてみると、「弱い立場の人に言葉・暴力・無視・仲間外れなどにより精神的・身体的苦痛を加えること」と記されています。『いじめとは何か　教室の問題、社会の問題』という本の著者である森田洋司《もりたようじ》先生は、「いじめとは、同一集団内の相互作用過程において優位に立つ一方が、意識的に、あるいは集合的に他方に対して精神的・身体的苦痛をあたえることである」（同書）と定義しています。いじめの問題は複雑であり、いじめる側、いじめられる側、第三者が絡み合い、一筋縄で解決できるものではありません。しかし、この定義のように弱い立場である人がいじめられ、1つでも2つでも、相手より圧倒的に強い部分があれば、いじめはある程度防げるといわれています。

２０２１年に金メダルを獲得した野球日本代表の稲葉《いなば》篤紀《あつのり》監督は小学生の時によく泣く子であり、何か言われると〝心がクシャンとなる〞性格で、いじめにあっていたそうです。その頃の悔しさを野球にぶつけ、いじめを乗り越えたそうですが、勉強やスポーツ以外でも、自信を持って頑張れる何かを見つけることができたなら、状況はだいぶ変わるのではないでしょうか？　他人の長所に目を向けることができれば、いじめは減らせるように感じます。人には必ず長所と短所があります。長所を見つけ、何かに活かすことができれば大きな自信になります。短所ばかりの人など１人もいません。長所を褒めてあげることこそが自己肯定感に繋がるのです。

ここがポイント

現在の教育要領では、個性を大事にしています。つい、他の人と違うところを注意してしまいがちですが、個性として捉え、見守ることが大切です。短所ばかりに目を向けず、長所を見つけて褒めてあげましょう。

目標は低いところに設定する

★高い目標だけでなく、達成可能な低い目標を設定する

〝志は高く〟といいますが、困難な目標を設定すると現実味が薄れ、なかなかモチベーションが高くならないものです。「オリンピック選手になりたい」「東大に入りたい」という夢を持つことはとても素晴らしいことです。ただ、それだけでは、具体性に欠け目指す方向性が全く見えてきません。また、与えられた目標では達成した時のイメージがなく、辛くなった時に乗り越える力が湧き上がってきません。

目標は低く設定しましょう。いやいや、高い方がいいのでは？とお思いの方も多いと思いますが、達成できなかった時にやる気を失いがちです。手の届くところに目標を設定し、できたらまた次の目標を立てればいいのです。つまり、高い目標以外に低い目標を次々と

設定することで、自信をたくさんプレゼントしてあげましょう。

達成感を感じる機会が増えてくれれば、楽しくなり頑張ることができます。また第5章でも述べましたが、毎日漢字の書き取りを2ページ行うというような目標はストレスになりますので、1週間で30分のように少し期間を設けてあげ、調子がいい日に多くできるようにすると気分的にかなり楽になります。

では、ご褒美はどうしますか？　高い目標を達成した時には、好きなものを買ってあげるのもいいと思いますが、低い目標を達成した時のご褒美は「褒めてあげること」です。おもちゃより、親の満面の笑みと褒め言葉が何よりのやる気に繋がります。

ここがポイント

どんなにすごい選手でも1打席でヒットは1本しか打てません。イチロー選手でも1本のヒットを打つことを目標にし、打てたらまた次のヒットを目指したそうです。継続こそが最終的に大きな成果になります。

どうしたら自分から勉強するようになる？

★やる気のスイッチは親が持ち、経過を褒めればスイッチは押される

何も言わなくても、勝手に勉強してくれたらいいのに、と思ったことはありませんか？大人も子どもも、勉強より遊びの方が好きなのは同じです。よく、「うちの子どもは勉強をしなくて困ります」「やる気がなくてどうしたらいいのでしょう？」なんて声を聞きます。放っておいても勝手に勉強するなんてことはありません。親がやる気のスイッチを押してあげましょう。

自分が初めて自転車に乗った時のことを考えてみてください。自分で勝手に練習して、乗れるようになったという話はほとんど聞きません。誰かにサポートしてもらい、それでも何度か転びながら、やっとのことで乗れるようになったのではないでしょうか？　勉強

も同じです。「勉強しなさい！」「頑張りなさい！」ではやるようにならないのです。楽しかった経験、うまくいった自信が勉強を後押しします。第2章で事例をご紹介しましたが、日常生活の中で多くのことに関心を持ち、探求心を育てることが勉強への興味を膨らませます。

そして、結果ではなく、経過を褒めてあげましょう。良い成績を取ったことを褒めるよりも、良い成績を出すために頑張ったことを褒めてあげることが大切です。面白い雲を見つけた、絵をたくさん描いた、お菓子を3人で分けられた、など一つひとつが勉強です。それが、すごいことだと気づかせてあげるサポート体制がやる気を育てるのです。

ここがポイント

子どもが勉強をするかどうかは、子どもの能力ではなく、親が作り出す教育環境の問題です。誰でも楽しいことが大好きです。叱って勉強させるのではなく、興味を持たせるようにサポートしてあげましょう。

男の子と女の子で違う育て方

★男の子と女の子は脳の構造が違うので、それを理解して子育てする

ジェンダー平等、雇用機会均等など、男女の間には優劣がないというのが、今や常識です。しかし、子育てにおいて、同じように育てるというのが必ずしも正しいとは限りません。第4章で記載したように、男性と女性とでは左脳と右脳を繋ぐ脳梁と呼ばれる部分の大きさが違います。また、記憶力に関わる脳部位である海馬《かいば》も男女で違うという説があります。少なからず男女には違いがあるのです。我が家の第2子、第3子は男女の双子ですが、同じように育てていても、好みや性格に違いがあります。男の子は、車、電車に興味を持ち、そのうち戦いごっこを始めます。女の子は、人形やぬいぐるみを大切に抱え、遊び始めます。個人差はありますが、多くの子どもに見かけられる特徴です。

幼少期の男の子は、じっとしていません。鉄砲、戦い、塀歩きなど、誰が一番すごいのかを争うことが大好きです。消しゴムのかすを溜めてくっつけたり、石をたくさん集めて並べたり、水たまりでわざとバチャバチャ足踏みをしたり、一見無意味と思える行動が多く表れてきます。このような行為を、お母さんたちは「何やってんの？　やめなさい！」と終わらせてしまうことが多いようですが、興味と好奇心の第一歩と考え、男の子だから、と寛容に見守るといいでしょう。女の子は、人形をずっと抱っこしていたり、おしゃれを気にしたりしますが、「いつまでそんなことをしているの！」と言わず、「可愛いわね。その洋服似合ってるね」と共感してあげることで安心感が得られます。

ここがポイント

男の子と女の子とでは、関心の持ち方が違うケースが多いものです。男の子の無邪気な行為、女の子の可愛いもの好きをしっかり理解したうえで、興味があるものを褒めてあげましょう。共感してもらえるととても嬉しいものです。

子どもをハグすることの大切な意味

★スキンシップでオキシトシンが分泌され、行動をコントロールできる

皆さんは、お子さんをどのくらいハグしてあげていますか？　いつまでも甘やかしていてはよくないと考えているのであれば、気にすることはありません。ハグしてあげると、脳からオキシトシンという物質が分泌されます。小さい頃からスキンシップに慣れ、オキシトシンの分泌が多い子は、行動をコントロールする力が高くなり、さらには学歴が高い子どもが多いことが実験調査からわかっています。逆に、スキンシップが不足している子どもは、心に〝見捨てられた〟と感じるような深い傷を抱えるケースがあるようです。そのような子どもは大人になってから、人の期待に無理に応えようとする、断りきれない、など自分の気持ちを抑え込む傾向もあるようです。

朝起きた時にギュッとしてあげる、頑張った時、何かができるようになった時などは、言葉で褒めてあげるだけでなく、ハグしてあげると自己肯定感がぐっと高まります。しかし、中には甘えてこないお子さんもいると思います。それは、叱ることが多かったり、しつけが厳しかったりするケースが多いようです。子どもは本来ハグされることを望んでいるはずです。恥ずかしがらず、きっかけを作ってギュッとしてあげてみてください。

日本人はスキンシップの苦手な人が多いようです。子どもには、キス、ハグは１日１回でいいので、毎日してあげるといいと思います。心が豊かになると同時に、親子の信頼関係も深まります。

ここがポイント

ハグしてあげることは、自己肯定感を高めるとても大切な行為です。特に男の子はある年齢から母親のハグを恥ずかしがりますが、嫌がるまで、できるだけギュッとしてあげましょう。

第７章

子育てには
コーチングが最適

監督の指示よりコーチのサポート

★教えることより子どもの考えを引き出してあげることが大事

お子さんの勉強を見ていて、「どうしてこんな問題がわからないの？」と言ったり、まだ考えているのに、「ここはこうすればいいのよ」と待ちきれずに教えてあげたり、「さっきできたのになんでできないの？」とイライラした経験はありませんか？

それは、もっとこうあって欲しい、このくらいはできて欲しいという理想と現実のギャップを監督のような立場で感じているからではないでしょうか？　コーチングという手法が近年注目されていますが、監督のように指示を出すのではなく、コーチのようにまずは子どもの話を聞いてあげ、本人の中にある答えを引き出してあげる方がいいのです。

わからない問題があるときに、「この問題はどう考えたらいいと思う？」、「豚が３匹いて、そこに馬が2頭来たってことはどういうことなんだろう？」とイメージを膨らませてあげ、考えるサポートをしてあげることがコーチングの考え方です。
教えてあげた場合は、できたとしても、自分の頭で考えて理解できていなければすぐに忘れてしまいます。その場では理解したように思えても、身になっていないことが多いということです。算数でも読書でもイメージをどれだけ持てるかが理解の深さに繋がります。ヒントを与えるだけで頭の中が整理されることもあります。「なるほどね」「そうだよね」を繰り返すだけでも、子どもの思考を刺激します。一時的な正解を求めるより、考える習慣を身につけさせるコーチング手法を是非、使ってみましょう。

ここがポイント

コーチングの手法は、企業の研修などでよく使われています。しかし、子育てにも大変有効であることがわかってきました。ちょっとした言い方で思考力が大きく変わってくるので、うまく活用してみましょう。

食事中にこぼしてしまったら

★こぼした事実を怒るのではなく、その原因を考えさせることが大切

子どもだから仕方ないと思いながら、食事の時にこぼしてしまうのは、困ったものですよね。そんな時、「また、こぼしているでしょ！」「こぼさないように食べなさい！」では、怒られた記憶は残るものの、改善策が立てられていません。つまり、怒られたくないとは思うものの、食べ始めれば次も同じ過ちを繰り返す可能性がとても高いのです。

ここでも、コーチングの考え方がとても有効です。結果を求めた〝指示〟ではなく、「こぼしちゃったのね、どうしたらこぼさないで食べられるかな?」と問いかけるのです。コーチとして一緒に考えてあげる姿勢です。そうすれば、お皿の上で食べるようにする、お箸をしっかり持つ、よそ見しないで食べる、など自分なりのアイデアが出てきます。

親が監督として指示するティーチングは、子どもの考えとマッチした時には即効性が高くとても有効ですが、自分で考えて改善する応用性が高まらず、長い目で見た時の課題発見力、情況把握力が身につきません。自分で考えた方法でうまくいかなければ、こぼしたときに〝怒られる〟より、〝あっ、しまった〟が先に来るため、今度はどうすればいいのか、さらなる改善策へと発展していくのです。

大学の授業で、自分で決めていいと言ってもなかなか決断できない学生がいます。そのような学生は、小さい頃から自分で決めてこなかったことが影響しているのではないかと感じます。遠回りでも子どもに決断させる習慣こそが、子どもの能力を高めていくのです。

ここがポイント

コーチングとは、自発的行動を促進するコミュニケーションスキルです。質問形式で〝なぜ?〟〝どのように?〟と子どもに問いかけ、考えさせることで思考を整理させることができるとても有効な手法です。

子どもを動かす問いかけのコツ

★準備ができないのは、その必要性を理解せず強要されているから

忙しい朝、「まだ、準備できていないの！」「前の日に用意しなさいって言ったでしょ！」「何度言ったらできるの！」などの言葉を子どもに言った経験はありませんか？　子どもが産まれる前には、モーニングコーヒーでも飲みながらゆったりとした時間の流れを楽しむなんて思い描いた理想とは無縁の朝を送っている方も多いと思います。

残念ながら、我が家も双子を含めた3人の子どもたちを、学校に送り出すのに優雅な時間を味わっている余裕はありません。それでも、準備ができないことに対して声を荒《あら》げることはほとんどしません。一朝一夕にできることではありませんが、「宿題はいつやるのがいいと思う？」「時間割の確認はどうやってするの？」のようにコーチングの手法を活用

しています。質問形式にして、どうすればいいのかを自分で考えさせることこそが、次への行動に繋がります。ある程度身についてくれれば、「宿題は、テレビを観る前にするんだったよね？」という確認レベルの会話で、できるようになっていきます。

起床時、親に強制的に7時に起きなさいと言われてもなかなか起きられないのに、自分で7時に起きないと困ると思っていると起きられるのと同じメカニズムです。必要性を理解しないまま強要しても、怒られた印象が残るだけで改善することはあまりなく、いつまでたっても、同じことの繰り返しになるというわけです。親だって好きで怒っているわけではないのですから。

ここがポイント

「まだ、準備ができないの！」と言われた時に、どう感じるのでしょうか？「これでも頑張って準備しているのに！」と感じているのなら、全く反省はしていません。意識を改善に向けないと怒っても意味がありません。

〝注意〟と〝褒め〟はセット

注意しても反発するだけ、褒めてからできない理由を聞いてあげる

誰でも怒られるのは嫌いです。親だって、怒りたくて怒っている人はいないと思います。それでも、やらないのだから怒ることは仕方のないことです。問題なのは、怒られた時の子どもの心理です。「なんでこんな問題間違えたの！」と怒られても、好きで間違えたわけではないのですから、どう答えればいいのかもわかりません。気持ちとしては、「間違えたものは仕方ないでしょ！」という反発の気持ちが強く、改善には結びつきません。

では、「ここは、よくできたね。あれ？ そこは、なんで間違えちゃったの？」という聞き方だったらどうでしょう？ 同じように間違えた理由を聞いているわけですが、後者では、いったん褒められているので、「できている問題もあるわけだし、間違えたのはなんで

だっけ？」と振り返るモードに入ります。つまり、親の都合で言いたいことを伝えても子どもには全く響かず、反感を買うか、落ち込んでしまうかのどちらかなのです。無理にでもいったん褒めれば、頑張ったことは認めてもらったという気持ちが作用します。

さらには、パパやママも最初からできたわけではなく、「できない、と思っても諦めずに頑張ったからできるようになったんだよ」という共感できる話をすることで、自分も頑張ったらできるという、信じる気持ちを育ててあげることが大切です。誰もが最初からできたわけではありません。「できないことが当たり前」そこから、一歩でも二歩でもできるようになったことが成長と考えれば、怒る頻度も減ってくるのではないでしょうか。

ここがポイント

いきなり怒っても、怒られたイメージが残るだけで、改善には繋がりません。いったん褒めることで、本質を見つめる余裕ができ、共感の気持ちが生じることで改善する力が生まれてくるのです。

悪さをしてしまったときはどうする？

★悪い言葉は周りの反応が強いので、面白くてすぐに覚えてしまう

子どもが暴力を振るったり、悪い言葉を発するのはとても良くないことです。ただ、それに対して、親が子どもを叩いたり、怒鳴りつけていては、子どものやっていることと同じです。第5章にも記載しましたが、子どもは親の行動や言葉遣いを真似します。特に悪い言葉は興味深くすぐに使います。できるだけ「です」「ます」調の優しい言葉を使うようにするといいでしょう。

また、子どもは悪い言葉と良い言葉の判別ができないことがあります。もちろんわかって使うこともありますが、親、保育園、テレビなどからどんどん言葉を吸収します。悪い言葉は、周りの反応が強いので、より面白いと感じるものです。

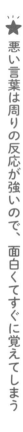

では、どう対処すればいいのでしょう？　とにかく、頭ごなしに叱らないことです。悪い言葉とわかっていないこともあるわけですから、どこで覚えたのか、どういう意味なのか、なんで使ったのか聞きましょう。そして、どういう言い方をしたらいいのか、この言葉を聞いた人はどう思うのかを、しっかり説明してあげましょう。

また、暴力も、子どもなりに理由があります。嫌な気持ちにさせられた、おもちゃを無理やり取られた、先に相手が乱暴してきたなどさまざまです。叱る前に、なぜ暴力を振るったのかを聞いてあげましょう。そして、仮に相手が悪かったとしても暴力はよくないということを伝えてあげることが大切です。

ここがポイント

子どもの観察力はとても鋭いです。親が悪い言葉を使ったり、子どもを叩いたりしていないか振り返ってみましょう。テレビや友達からも悪い言葉を覚えます。まずは、悪い言葉かどうか認識させることが大切です。

ゲームをすることの意外な効能

★ゲームの良さ、面白さを共有した中で、子どもに計画を立てさせる

〝子どもがゲームばかりしていて困る〟という悩みを抱えている親御さんがとても多いようです。「ゲームなんかやめて、早く勉強しなさい！」と言ったことはありませんか？ 私はソニーで開発業務に携わっていましたので、ゲームにも少なからず関わってきました。今のゲームは、仮想空間における創造力の拡張、戦略の立案、キャラクターの育成、動体視力や判断力の鍛錬、場合によっては悩み相談もできます。

ゲームは悪いことと決めつける前に、子どもとゲームの面白さについて話してみるといいでしょう。また、一緒にゲームをして、ゲームと向かい合うことが大切なのです。そして、ゲームの面白さ、楽しさを理解したうえで、子どもに計画を立てさせるのがとても有

効です。ゲームをやっている子の方が計画的に勉強に取り組むことができるというデータもあります。「ゲームのことなんて何もわかってないくせに！」と思っている子どもに、「すぐにやめなさい！」と言っても、反発するだけで効果がありません。

お酒の美味しさがわからない子どもに、「お酒なんてやめて、本でも読んだら？」と言われたとしたらどう感じますか？「大人になったらわかるよ」と言って話を終わらせますか？ゲームの楽しさを共有しながら勉強と両立することこそ、計画性が身につき、集中して勉強ができるようになります。宿題を終えてからゲームをするようになれば、ゲームも決して悪いものではないと思います。

ここがポイント

ゲームは1日1時間までと一方的に決めても、子どもが納得していないのであれば、反発が増すだけです。ゲームといっても種類があるので、子どもとしっかり相談して、内容と時間を決めるといいでしょう。

学習の質を高めるためには難しい問題を選ばない

課題のレベルは自分で選ばせ、できそうなものから手を付ける

高い学力を身につけるには、質の高い学習が必要です。課題には、「簡単にできるもの」、「頑張ればできるようになるもの」、「頑張ってもできないもの」の3種類しかありません。高みを目指すあまり、頑張ってもできないことにチャレンジするとやる気がなくなります。簡単にできるものは、飽きてしまいます。当たり前のことですが、これがとても大事なのです。そうです、質を上げるには、「頑張ればできるようになるもの」にフォーカスすることがやる気を引き出します。

いきなり1000ピースもあるジグソーパズルを買ってきても、やる気は起きません。50ピースのパズルができたら、100ピースを目指せばいいのです。選び方は簡単です、ど

のくらいならできそうか本人に聞けばいいのです。そして、できなかった時には、〝なぜできなかったのか〟を聞きます。できた時には、〝なぜできたのか〟を聞きます。パズル以外でも同じです。できなかった時には理由を聞くのに、できた時には聞かないことが多くないですか？　できたことにも理由があるのです。それを繰り返すことによって、どうすればもっとできるようになるのかを考えるようになります。決して簡単にやり方を教えてはいけません。考える習慣を身につけさせ、次に繋げていくルーチンが質の高い学習を行うコツです。頑張ってできそうなことであれば、やる気が出てきますし、達成感も得ることができます。できた理由こそが、さらに高いレベルの課題のヒントになります。

ここがポイント

能力向上には、適切な課題設定が重要です。また、できなかった理由だけでなく、できた理由も聞いてあげましょう。なぜできたのか、が次の課題を解く鍵になり、成功体験が自信に繋がります。

第8章

子育てにおける
正解、不正解

子どものケンカと大人のケンカはまるで別物

★ケンカは必ずしも解決しようとせず、気を逸らすことも大切

子どものケンカは自己主張が出てきたということ。ある程度はケンカも悪いことではないと思います。とはいえ、毎日ケンカばかりでは、親としては疲れが溜まってしまいます。「いい加減にケンカをやめなさい！」なんて言っても簡単には収まりませんよね。

我が家には、双子がいます。平等にしたいという気持ちから、同じように対応した結果、おもちゃ選び、ベビーカーの位置決め、お風呂の順番、すべてが争いの元になっていました。そこで、これは1分先に生まれたお姉ちゃんから、これは男の子から、ベビーカーはお雛様の並びで、と明確に決めました。そうすると、ごねても変わらないのなら仕方ないと察したのか、争いはどんどん減っていったのです。

兄弟では、どうしても上の子が損をします。そうならないように、食べ物はお姉ちゃんの体が大きいから大きい方ね、これは下の子から、と決めるといいと思います。それでも、うまくいかないことは当然出てきます。そこで大事なのは、「どうしたいの？」と子どもに問いかけることです。子どもなりに納得したかどうかが重要です。どうにも収まらない時は、親の発想力の出番です。「あっ、美味しいお菓子があるけど食べる？」「公園に行くけど、一緒に行く？」など、違うところに気を逸らすことが効果的です。面白いことを言って笑わせる、急に「高い高い」をして気分を変えるなどもぐずりを抑える手段です。ケンカの原因がなんだったのかすら忘れてしまうことが多いのです。

ここがポイント

子どものケンカと大人のケンカは別物です。解決することが目的ではなく、不満を溜めないように、気を逸らす発想力が大切なのです。急に全く違う話をすると、気を取られてケンカの原因すら忘れてしまうものです。

ふざけていてなかなか静かにならない時、どうする?

★怒鳴って静かにさせる効果は一時的、静かにすることの理解が大事

いつまでも子どもがうるさくしていて、一向に静かにならない時、どうしますか? すぐに静かにさせたい場合には、大きな声で「静かにしなさい!」と言いますよね。静かになったのはいいことですが、子どもの気持ちはどうでしょうか? 〝怒られた〟からシュンとなっただけであって、うるさくしたことを反省したわけではありません。

「お話ししますよ。聞ける人、手を挙げてください」はどうでしょう? 怒られたわけではなく、興味が向くのに加え、手を挙げたら褒められそうな感じさえします。あるいは、大好きなおもちゃをちょっとだけ見せて隠してしまうと、えっ、何? と話よりそちらに興味を示し静かになります。

そして、話が聞ける態勢になったら、「話をしようとしたのに、騒いで聞いてもらえなかったらどんな気持ちになる？」と立場を変えて説明してあげましょう。静かにすると、相手は話を聞いてもらえて嬉しい、相手の言っていることがよくわかる、周りの人に迷惑がかからない、などいいことがたくさんあると、折を見て話してあげましょう。

そして、次に静かにできたら、思いきり褒めてあげるとやる気が出てきます。少しずつできるようになってきたら、「静かにする態勢、誰ができるかな？」など、静かにする順番を争うような言い方も子どものやる気を掻き立てます。電車の中などでも、「静かにしなさい！」より、「お口はミッフィーだよね」などの言い方が有効です。

ここがポイント

子どもが自分の意志で静かにできることは、とても大切です。怒鳴って一時的に静かにさせることより、できたら褒める姿勢が効果的です。静かにすると、話が聞きやすいということを繰り返し教えてあげましょう。

すぐ泣く子の涙の意味を知る

★泣くという行為にも種類がある、パターンによって対応が違う

うちの子はちょっとしたことですぐに泣くので困る、という話をよく聞きます。しかし、泣くという行為には、種類があると考えたことはありますか？　1つは、「負けず嫌いパターン」です。元卓球選手の福原愛《ふくはらあい》さんは子どもの頃、「泣き虫愛ちゃん」と言われていました。練習でうまくできずに泣いている姿をテレビでご覧になった方も多いと思います。悔しさが涙になって、それをバネに大きく成長するケースです。

次に、「涙腺が弱いパターン」です。これは、心理学用語で「防衛機制」といい、恐怖やストレスを感じた時に自分の心を守ろうとする反応です。映画などで悲しい場面を観ると、つい涙が出てしまう現象に近く、感情が豊かである表れともいえます。この場合は、泣

くことでストレスが解消されることもあるので、怒らないであげましょう。

最後は、「涙を武器にするパターン」です。これがもっとも厄介で、欲しいものを買って欲しい時、やりたいことをさせてもらえない時など、涙を流して実現しようというものです。初めは前者の２つのパターンのように、悔しかったり、つい涙が出てしまうことが発端ですが、何度かそのパターンで問題を解決することができると、それが習慣になってしまいます。そういう時には、叱るのではなく、「我慢できるなんて偉いね！」と褒めてあげるか、子どもが気になることに話を逸らせるかのどちらかで、要求を呑まないようにすることが重要です。ここでも、大人の発想力が問われます。

ここがポイント

泣くというのは、感情表現の１つです。自己主張する力は、社会人基礎力を高めるうえでもとても大切です。ストレスの解消にもなるので、泣いた理由をしっかり聞いてあげて次に繋がる涙にしてあげましょう。

嘘をつくのはどうして？

★嘘をつくのにも理由があり、闇雲《やみくも》に怒るのは自己否定に繋がる

〝嘘つきは泥棒の始まり〟とは、昔からよく言われている言葉です。子どもに嘘をつかせたくないというのは誰もが感じることですよね。しかし、頭ごなしに「嘘をついたらいけません！」と怒るのは、少し考えた方がいいかもしれません。

嘘をつくのには理由があるからです。幼少期にありがちなのは、思い込みの嘘です。嘘をついているつもりはなく、そうしたい、そうだったらいいな、という思いが事実のようになってしまうケースです。「手を洗った？」と聞かれ、〝洗っていたらいいなー〟という気持ちが「洗ったよ」と答えてしまい、本当に洗ったと思い込んでしまうケースです。悪気がないので、「嘘をついたでしょ！」と怒られると、自分は嘘つきで悪い子なんだと思っ

てしまい、自己否定の原因になることがあります。

その他にも、親に心配をかけまいとする嘘があります。大丈夫だと思ってもらうために、小さな嘘をつきます。その場をやり過ごせば笑顔を保ってもらえると考える、あるいは、怒られないために嘘をつくこともあります。これは防衛本能です。愛されたい、怒られたくないという気持ちが嘘をつかせるのです。さらに厄介なのは、親の関心を引くための嘘です。お腹が痛いと嘘をつき、構ってもらいたいというケースです。いずれも、怒ると、「ごめんなさい」を繰り返し、麻痺《まひ》していきます。なぜ嘘をついたのかを話し合うことが大事です。親の対応が悪かった可能性もありますので、真剣に考えてあげましょう。

ここがポイント

嘘にもいろいろな嘘があります。子どもは純粋で嘘をつかないなんて思っていたらとんでもない間違いです。〝嘘も方便〟と言いますが、子どもながらにいろいろと考えています。その気持ちを少しでも引き出してあげましょう。

片付けができるようになる仕組みとは

★片付ける場所が明確でないのに片付けられるわけがない

「早く片付けなさい！」「片付けないんだったら、全部捨てるよ！」などと怒った経験は誰にでもあると思います。では、子どもはなぜ片付けられないのでしょうか？　胸に手を当てて考えてみてください。親でも片付けは簡単ではないと思いませんか？　片付けは、なぜ難しいのでしょうか？　答えは簡単です。何をどこにしまうのか、ホームポジションが明確でないからです。よく遊んでいるおもちゃは外に出ていて、使っていないおもちゃがおもちゃ箱に入っているということが多いようです。ましてや、乗り物の車などは、おもちゃ箱に入るはずもなく、どう片付ければいいのか、さっぱりわからないということになります。これでは、時間ばかり費やしてしまい一向に終わりません。

そこで、ホームポジションを決めることが重要なのです。おもちゃ箱が複数あるなら、箱とおもちゃに赤、青、黄色などのシールを貼って入れる場所を決めれば、子どもでも簡単にしまえます。乗り物の車は、駐車スペースをテープで決め、「上手に駐車できるかな？」と言えば、遊びの中で片付けができます。靴も、履く靴と靴箱にしまう靴を分け、それぞれ、どこのスペースに置くのか明確に色分けしてあれば、やることがはっきりします。

運動会の玉入れをご覧になったことがあると思います。競技はもちろん、競技後に、投げた球をしまうことも競争になっていれば、あっという間に楽しく片付けが完了します。「赤い箱に入れるおもちゃを探せるかな？」と、片付けもゲームにしてしまいましょう。

ここがポイント

人は一生で何回片付けをするのでしょうか？　使わないものを引き出しにしまい、使うものは外に出しっぱなし。それでは片付くはずがありません。使っていないものは整理し、使っているものはしまう場所を決めましょう。

世の中にルールはなぜあるの？

★ルールは新しい発想の足かせ、ルールの意味を考える習慣が大切

子どもに対していくつルールを決めていますか？　ルールを決めることでスムーズに生活ができるのであれば、それは素晴らしいことです。しかし、ルールが多くなると混乱を招くことも増えてきます。例えば、「お菓子を食べるのはご飯の後で」というルールがあったとします。でも、その横で、ポテトチップスを食べながらビールを飲んでいるお父さんがいたらどうでしょう？　「お父さんはポテトチップスを食べているよ」という子どもの指摘に対し、「大人はいいのよ」と非論理的な説明では、子どもは納得しません。

信号は、「青は進め、赤は止まれ、黄色は注意」と習いませんでしたか？　最近は、青は「進むことができる」、黄色は「止むを得ない場合を除き止まれ」が正しい意味であると教

えている学校が多いようです。つまり、青であれば注意せずに渡ってもいいわけではなく、車にひかれないためには、自己責任で十分な確認が必要ということです。逆に言えば、赤でも安全を十分確認していれば、時には渡ってもいいのかもしれません。海外で「車が全く来ないのがわかっていながら、信号を守っているのはなぜ？」と聞かれたことがあります。的確な判断ができないうちは、ルールを守ることで、より安全性を増すことが重要ですが、ルールを守ることを美徳とするのは必ずしも正しくない場合があり、その意味を深く考える必要があります。仕事でも、「これまでがそうだったから」という理由で、悪しき習慣を続けているケースがあります。時には、あえてルールを変える必要もあるのです。

ここがポイント

ルールは規則であって必ずしも正しいわけではありません。守れないルールなら意味がありませんし、時代や状況が変われば臨機応変に変えていく力が必要です。新しい発想はそこから生まれるのかもしれません。

「スマホは子どもに悪い影響を与える」は本当か？

★スマホはコンピュータの1つ、うまく活用する方法を模索する

子どもにスマホを持たせるべきかどうかという質問をよく受けます。「赤ちゃんスマホ中毒」という現象があり、スマホ常習癖が付き、スマホがないと落ち着かなくなることがあります。また、赤ちゃんは大人の脳より電磁波の熱を吸収しやすく、皮膚に影響を与える可能性があること、受け身の状態が続くので発信力が低下するリスクがあり、これは、悪い影響といえるでしょう。また、電車などで1歳くらいの赤ちゃんにスマホを持たせ、スマホに子守をさせているケースを目にします。他人に迷惑をかけたくないということもあるかもしれませんが、それは、子どもの広い感性を狭めてしまう可能性があります。

しかし、個人的には、「スマホは子どもにとって悪いもの」と決めつける考え方は、今

の時代には合わないのではないかと思います。スマホは小型コンピュータです。情報の収集、動画の視聴、通信、プログラミングなど多くの可能性が凝縮されています。問題なのは、何をするためのものかという点です。小学生になると行動範囲が広がり、ＧＰＳで所在を確認できたり、緊急時の連絡手段としても使えます。また、スマホを使うことにより、想像していない世界を体験したり、知識の幅を広げることができ、スマホにより勉強が楽しくなることもあります。スマホを買う時には何に使うのかよく相談し、自分でどのアプリにどのくらいの時間をかけたいのかを決めさせることが大事です。スマホを何時間使用したのかだけでなく、どのように活用したのかをしっかり確認しましょう。

ここがポイント

今は、スマホ学習、スマホ授業など多くのコンテンツがあります。スマホを悪い道具と決めつけず、何に使うのかをよく考え、情報を広げる入り口の１つとしてうまく活用していくことを考えてみるといいでしょう。

立派な親になろうとしすぎない

親があえて〝欠如〟を用意し、子どもを頼りにすることも必要

親は子どもの前ではしっかりしないといけない、と思っていませんか？　もちろん、子どもに「片付けなさい！」と言いながら、自分の部屋がぐちゃぐちゃでは説得力がありません。しかし、こうしなさい、ああしなさい、と親が言うばかりでは、子どもは考えなくなり、モチベーションも上がりません。

むしろ、できない要素を意図的に見せてあげると、子どもは自分が頑張らないといけないと感じ、やる気が湧いてくることがあります。ブロックを、うまく作るばかりではなく、変な形になっちゃったと笑わせたり、なぞなぞで、間違った答えを交えるなど欠如を見せることが有効です。さらには、「今日は疲れちゃったから、お皿をキッチンまで運んでくれ

ると助かるなー」「お風呂洗い一緒に手伝ってくれる人ー」など、子どもを頼ってみましょう。子どもは頼りにされることが大好きです。そして、できたら「すごく助かっちゃった」としっかり褒めてあげましょう。

また、「調査隊に任命します、隊長からのミッションを伝えます。お風呂が沸いたかどうか調査お願いします！」「これから変身するので、全員分のプリキュア用の靴を揃えてきてください！」など、好きな番組の役になりきり、ミッションを与えるとあっという間にやってくれます。叱られてばかりでは、子どもながらに自分の居場所を失いがちです。頼りにされているという気持ちがあれば、もっと頑張ることができるはずです。

ここがポイント

「早くやりなさい！」と、「悪いけど手伝ってくれる？」では受け止め方が全く違います。やらないと怒られるのではモチベーションに繋がりません。頼ってあげてお手伝いしてもらうことはやる気に結びつきます。

昨日できていたことが、今日できなかったら

★誰でも忘れるのは当たり前、しっかり復習して理解を深める

勉強を教える時、どの状態で終わりにしますか？　一般的には、やっと問題が解けるようになったところで終わりにしているケースが多いようです。そうだとすると、最高到達地点でやめているということ。そこから、忘却曲線に従ってどんどん忘れていき、次に同じ状態から始められるわけがありません。

また、戻って教えるの？　と思うかもしれませんが、その通りです。それを繰り返して、やっと本当の意味で理解していくのですから。大人でも、上司に頼まれた仕事を1回聞いただけですぐにできる人はごくわずかではないでしょうか？　それを、子どもに要求してはかわいそうです。できると思っているのにできないと、人はイライラします。そのイラ

イラは、必ず子どもに伝わります。そうなると、それほど理解していなくても、子どもは「わかった」と答え、ますます親の感覚とのズレが深まるのです。

忘れることは当たり前のこと、初めてのことは誰でも時間がかかるということを真の意味で理解してから勉強を教えれば、自然と褒め言葉が増えるはずです。また、イメージを持たせずに単純にやり方だけ覚えた場合は、より忘却は進みます。そのためにも、算数であれば、みかんやケーキなど具体的なもので考える、国語ならば、身近な出来事と関連づけながら理解すると、忘れたとしても思い出すのに多くの時間を必要としません。せっかくの勉強ですから、褒めて楽しく進めたいですよね。

ここがポイント

頑張ってようやくできた状態であれば、復習はもっと前の段階に戻らないと付いていけません。何度も繰り返して理解を深めることが大切です。できるだけ、実生活と関連づけて覚えると忘れにくいようです。

おわりに

本書を最後までお読みいただき、ありがとうございました。個人的な見解、表現が多々含まれていますが、本文でも記載した通り、正解は1つではありません。お子さんに合った項目、ピンときた項目だけを1つでも2つでも実行していただければ、本書を出版した意義が出てくると思っております。

私は日々学生と接し、家では3児のパパとして子どもたちと触れ合いながら、どうしたら子どもたちが目をキラキラと輝かせることができるのかを常に考えています。誰一人として同じ子どもはいませんし、すごく効果があった助言が、他の子には全く響かないなんてこともあります。同じように育てた双子ですら、うまくいったりいかなかったりしています。

ただ、一貫して感じていることは、目先の正解にとらわれず、少しくらい間違いがあっても褒めることでやる気を促すことが大切だということです。習い事、スポーツ、勉強、どれも楽しみの中で成長していくと考えています。子育てはとても大変ですが、楽しもうとする親の姿勢が子どもに伝わります。子どもに一方的に教えるのではなく、コーチングの要素を交えながら、子どもたちと一緒に考えることが、深い思考を育てていくと確信しております。

最後になりますが、本書の単行本をご購読いただいた多くの方から、「わかりやすい」「見開きで完結する形式は読みやすい」「少しずつ試していて効果が出てきた」という感想をたくさんいただいております。また、幻冬舎の方から、「本書は非常に好評なので育児書としては異例ですが、より多くの方に読んでもらうために文庫本にしませんか？」というご提案をいただきました。持ち運びやすいサイズですので、是非、お手に取っていただければと思います。

2022年3月

鬼木 一直

プロフィール

鬼木 一直

東京工業大学6類（建築系）に入学、大学2年次に応用物理学科に転籍、理学部同学科卒業。大学院に進学し超低温物性物理学の研究を行い、第ゼロ音波の観測に成功、東京工業大学修士課程理工学研究科修了。ソニー株式会社入社1年目にハードディスク垂直記録方式の薄膜磁気ヘッドの記録再生確認に成功、その後、世界初の大型液晶ディスプレイ、愛知万博出展50m×10mの超巨大レーザーディスプレイデバイス、消費電力ゼロの水循環を利用した厚さ1ミリ以下の薄型ヒートパイプ、超高周波ミリ波伝送による大容量データ伝送デバイスなど数多くの開発に携わる。その間出願した特許件数は43件に及ぶ。

また、開発マネージャとして多くの人材育成を行った後、２０１４年から、東京富士大学経営学部准教授、２０１７年に同教授。大学広報室長、メディアセンター部長、図書館長、入試広報部入試部長、ＩＲ推進室長などを歴任。大学広報室長を務めていた２０１５年に、本学は社会人としての実務経験を学生のうちから身につける『実務ＩＱ教育』を提唱、社会人基礎力を高める実践教育を積極的に推進している。
２０２２年３月現在、14歳の長女と9歳の男女の双子を子育て中。海外訪問国は１００か国以上。

〈所属学会〉日本教育情報学会、日本保育学会、日本乳幼児教育学会、観光情報学会など
「A 12 × 5 Two-Dimensional Optical I/O Array for 600Gb/s Chip-to-Chip Interconnect in 65nm CMOS」というタイトルで半導体のオリンピックといわれるInternational Solid-State Circuits Conference (ISSCC)2014に採択された。また、「アウトバウンドが増加しない原因に関する情報分析と旅育の効果」というタイトルで、２０１７年観光情報学会第15回研究発表会優秀賞を受賞するなど、多くの学会で研究発表を行っている。

〈保有資格〉公益社団法人私立大学情報教育協会 サイバーＦＤ研究員、ＩＣＴプロフィシエンシー検定協会公認試験官、有機溶剤作業主任者、特定化学物質等作業主任者、局所排気装置等定期自主検査者、特定高圧ガス取扱主任者、全国珠算教育連盟１級、全日本スキー連盟準指導員、全日本スキー連盟級別テストＣ級検定員

ＤＴＰ　齋藤友貴（ISSHIKI）
イラスト　コダシマ アコ

デキる社会人《しゃかいじん》になる子育《こそだ》て術《じゅつ》
元《もと》ソニー開発《かいはつ》マネージャが教《おし》える社会《しゃかい》へ踏《ふ》み出《だ》す力《ちから》の伸《の》ばし方《かた》

2022年3月16日　第1刷発行

著　者　鬼木 一直
発行人　久保田 貴幸

発行元　株式会社 幻冬舎メディアコンサルティング
〒151-0051　東京都渋谷区千駄ヶ谷4-9-7
電話　03-5411-6440（編集）

発売元　株式会社 幻冬舎
〒151-0051　東京都渋谷区千駄ヶ谷4-9-7
電話　03-5411-6222（営業）

印刷・製本　シナジーコミュニケーションズ株式会社
装　丁　齋藤友貴（ISSHIKI）

検印廃止
©KAZUNAO ONIKI, GENTOSHA MEDIA CONSULTING 2022
Printed in Japan
ISBN 978-4-344-93886-1 C0037
幻冬舎メディアコンサルティングHP
http://www.gentosha-mc.com/

※落丁本、乱丁本は購入書店を明記のうえ、小社宛にお送りください。
送料小社負担にてお取替えいたします。
※本書の一部あるいは全部を、著作者の承諾を得ずに無断で複写・複製することは禁じられています。
定価はカバーに表示してあります。